ワイン、シャンパンに合うパン料理とは！

　本書で紹介しているハンバーガー、サンドイッチには、「これ、どうやって食べるの?」とまず感じるものもあるでしょう。(とくにP82、P98など)

　料理は食べやすく提供することは大切ですが、ワイン、シャンパンに合うパン料理では、食べやすさを最優先すると魅力薄になる場合があります。

　まず、パンからはみ出た大きな肉、こぼれ落ちそうなソースや具材が目に飛び込んでくると、そこにまずカブリつきたくなります。そんなシズルが、ワインやシャンパンと楽しむパン料理には大切なのです。ワイン、シャンパンに合うサンドイッチ、ハンバーガーは、テイクアウトに不向きでいいのです。

　パンと具材、ソースがすべて合わさって、一つの料理にできあがっているのが、パン料理です。食べると口の中でフレンチの伝統料理が再現される、そんな楽しいパン料理が、ワイン、シャンパンの味わいを引き立てると考えて、本書では紹介しています。

　パンで挟むと、「気軽につまめる」スタイルになり、アミューズ、オードブルに似合うひと皿になります。しかし、見慣れたサンドイッチ、ハンバーガーのスタイルでは「軽食」のイメージになりがちです。そこで、具材のボリュームを高めたりしました。また、ソースを使って仕上げて、フランス料理のひと皿のようにして華やかさも大切にしました。

　「軽食のイメージにしない」ことが、ワイン、シャンパンに合うパン料理のポイントの一つです。

　そのほか、ソースを受け止める役割としてのパン、食感に変化をもたせるためのパン、風味をプラスするためのパンなど、パンそのものがワイン、シャンパンに合うような組み合わせにすることです。パンと具材を交互に食べるというより、「パンと具材を一緒に食べてこそ、おいしい」というパン料理にすることが、ワイン、シャンパンとの相性を高めます。

CONTENTS

ワイン、シャンパンに合う**パン料理**
PAIN CUISINE

13 食パンを使ったパン料理

- 14 ゴロゴロパンの豚足メンチ
- 16 南仏風カプレーゼ
- 18 フライドチキン ブランケット・ド・プーレ
- 20 ホタテと白身魚のムースサンド アンダルーズソース
- 22 ローストビーフをはさんだクロックムシュー
- 24 牛ホホ肉の赤ワイン煮
- 26 クロケットサンド
- 28 鶏モツのコンフィ バルサミコソース
- 30 ロールツナサンド
- 32 アッシェパルマンティエ
- 34 バスク風卵のココット焼き
- 36 ズワイガニとタラのブランダード
- 38 焼き野菜サンド
- 40 パンペルデュのクロックマダム
- 42 フォワグラのポワレ リンゴのキャラメリゼ添え
- 44 DEパーティーのサイコロ
- 46 ブール ド エスカルゴ
- 48 オニオンパンスープ
- 50 ハムのリエットサンド
- 52 フランボワーズ風味のフレンチトースト
- 54 フルーツサンド パルフェ風
- 56 **COLONNE 1**
  パン料理に便利なマヨネーズ、
  ケチャップはひと工夫で！

57 バゲット、パン・ド・カンパーニュを使ったパン料理

- 58　サーモンマリネとサワークリームのタルティーヌ
- 60　シェーブルチーズのタルティーヌ
- 62　イベリコ豚のリエット
- 64　カンパーニュサンド ソース・ムスリーヌ
- 66　サラダリヨネーズ
- 68　グラタン・ド・ポム・ド・テールのバゲットサンド グラン・ヴヌール
- 70　シャプリュールのカツサンド
- 74　ブッフブルギニョンバーガー 赤ワインソース
- 76　ポンムスフレのバゲットサンド
- 80　ムール貝の白ワイン蒸し
- 82　鶏モモ肉のコンフイのサンドイッチ
- 84　ブイヤベース
- 86　COLONNE 2
　　パン料理によく合うソースについて。

87 クロワッサンを使ったパン料理

- 88　クロワッサンとジャガイモのグラタン
- 90　トリュフとフォワグラのクロワッサンサンド ソース・ペリグー
- 92　焼きそばクロワッサン
- 94　COLONNE 3
　　ワイン、シャンパンに合う
　　パン料理でのチーズ、ハーブの使い方。

CONTENTS
ワイン、シャンパンに合うパン料理
PAIN CUISINE

95 バンズ、マフィンを使ったパン料理
- 96 ベニエバーガー
- 98 ポークコンフィのリヨン風バーガー
- 100 パイアッソンのBBQリブバーガー
- 102 ミモザバーガー オランデーズソース
- 104 仔羊バーガー ラタトュイユソース

107 ドッグパン、フォカッチャetc.を使ったパン料理
- 108 ホットドッグ 猟師風ソース
- 110 タルタルとポーチドエッグのチャパタサンド
- 112 バーニャカウダ
- 114 ベーグルバーガー ローズマリー風味
- 116 五穀パンのクロックムシュー
- 118 IKEBANA ピタサンド
- 120 ブイヤベースサンド ルイユがけ
- 122 ロースト鴨のパン・ド・エピスサンド
- 124 ブランダードとタプナードのフォカッチャサンド
- 127 **COLONNE 4**
  サンドイッチ、バーガーの盛り付けのポイントは？

128 サンドイッチ・バーガースタイルのバルメニュー

- 130 ブリニーサンド
- 132 クール・ドゥ・フランス
- 134 サーモンクリームのケークサレサンド
- 136 グジェールのスワン
- 138 鴨ハムと野菜のムースのラスクサンド

140 パン、生地のレシピ

- 141 カンパーニュ
- 142 デニッシュ
- 143 五穀米入り食パン
- 144 ピタパン
- 145 フォカッチャ
- 146 チャパタ
- 147 ブリニー
- 148 ケークサレ
- 149 グジュール
- 150 塩ラスク　ヨモギのラスク　黒糖のラスク

151 フレンチバル レ・サンスの紹介

主材料別のパン料理さくいん

牛肉
- ローストビーフをはさんだクロックムシュー…22
- 牛ホホ肉の赤ワイン煮…24
- クロケットサンド…26
- アッシェパルマンティエ…32
- ブッフブルギニョンバーガー 赤ワインソース…74
- タルタルとポーチドエッグのチャパタサンド…109
- ベーグルバーガー ローズマリー風味…114

豚肉
- ゴロゴロパンの豚足メンチ…14
- クロケットサンド…26
- DEパーティーのサイコロ…44
- ハムのリエットサンド…50
- イベリコ豚のリエット…62
- カンパーニュサンド ソース・ムスリーヌ…64
- シャブリュールのカツサンド…70
- ポークコンフィのリヨン風バーガー 98
- バイアッソンのBBQリブバーガー…100
- クール・ドゥ・フランス…132

羊肉
- 仔羊バーガー ラタトゥイユソース…104

鶏肉
- フライドチキン ブランケット・ド・プーレ…18
- 鶏モツのコンフィ バルサミコソース…28
- ボンヌスフレのバゲットサンド…76
- 鶏モモ肉のコンフィのサンドイッチ店…82

鴨肉・フォワグラ
- フォワグラのポワレ リンゴのキャラメリゼ添え…42
- グラタン・ド・ポム・ド・テールのバゲットサンド グラン・ヴヌール…68
- トリュフとフォワグラのクロワッサンサンド ソース・ペリグー…90
- ロースト鴨のパン・ド・エピスサンド…122
- 鴨ハムと野菜のムースのラスクサンド…138

魚貝
- ホタテと白身魚のムースサンド アンダルーズソース…20
- ロールツナサンド…30
- ズワイガニとタラのブランダード…36
- ブールドエスカルゴ…46
- サーモンマリネとサワークリームのタルティーヌ…58
- ムール貝の白ワイン蒸し…80
- ブイヤベース…84
- ベニエバーガー…96
- ブイヤベースサンド ルイユがけ…120
- ブランダードとタプナードのフォカッチャサンド…124
- ブリニーサンド…130
- クール・ドゥ・フランス…132
- サーモンクリームのケークサレサンド…134

卵
- バスク風卵のココット焼き…34
- パンペルデュのクロックマダム…40
- ミモザバーガー オランデーズソース…102
- タルタルとポーチドエッグのチャパタサンド…109
- グジュールのスワン…136

チーズ
- 南仏風カプレーゼ…16
- パンペルデュのクロックマダム…40
- サーモンマリネとサワークリームのタルティーヌ…58
- シェーブルチーズのタルティーヌ…60
- 五穀パンのクロックムシュー…116

サーモンクリームのケークサレサンド…134

野菜

南仏風カプレーゼ…16
バスク風卵のココット焼き…34
焼き野菜サンド…38
オニオンパンスープ…48
カンパーニュサンド　ソース・ムスリーヌ…64
サラダリヨネーズ…66
グラタン・ド・ポム・ド・テールのバゲットサンド
グラン・ヴヌール…68
ボンヌスフレのバゲットサンド…76
クロワッサンとジャガイモのグラタン…88
焼きそばクロワッサン…92
ポークコンフィのリヨン風バーガー…98
バーニャカウダ…112
IKEBANAピタサンド…118
鴨ハムと野菜のムースのラスクサンド…138

フルーツ

フランボワーズ風味のフレンチトースト…52
フルーツサンドのパルフェ…55

パン料理で活躍するソースさくいん
（五十音順）

赤ワインソース…111
アンダルーズソース…21
オランデーズソース…103
グラン・ヴヌール…72
サワークリーム…59
ソース・オリーブ…39
ソース・バニュルス…123
ソース・ピストゥ…17
ソース・ペリグー…23、91
ソース・ムスリーヌ…65
タプナード…39、126
トマトソース…15
パータ・ボンブ…55
BBQソース…101
ハチミツのソース…43
バルサミコソース…29
フォン・ド・ヴォーソース…115
ブランダード…126
フランボワーズのソース…53
ベシャメルソース…23
ホウレン草のピューレ入りベシャメルソース…117
ミートソース…33
ラタトゥイユソース…106
ルイユ…85、121

本書を読む前に

- 本書は、渡辺健喜著の2011年発行MOOK「人気フレンチシェフのサンドイッチ＆バーガー」に料理を追加し、加筆して再編集したものです。
- 紹介している料理は、本書の企画のために考案したものが中心で、『フレンチバル　レ・サンス』の営業で提供していないものもあります。
- 本書に掲載したサンドイッチ、ハンバーガーでは、1個分の具材の作り方ではなく、作りやすい分量で紹介している具材が多くあります。また、パンにはさむ具材の分量は表記していません。
はさむ具材の分量はパンの大きさ・パンの厚みにもよりますので、お好みでお楽しみください。
- 焼く時間、オーブンでの加熱時間は、シェフの店の調理器具での時間です。目安にして使う器具に合わせて加熱時間は調節してください。
- パンのレシピで生地を休ませる時間は、室温30〜35℃での時間を表記しています。季節によって加減をしてください。

パン料理のおいしさのポイント 1
パンと食べることを計算したソースづくり

　パンとソースと具材を合わせるとき、そのソースは料理で使うときよりも少し「濃い味」にすることがコツになります。パンと組み合わせるので、パンにからんで丁度いい味わいにするためです。「濃い味」にするにも、いろいろな方法があります。塩分濃度を上げたり、煮詰めて濃くするだけでなく、ゼラチンや小麦粉を混ぜてとろみ、粘度を高めてパンにからみやすくことも「濃い味」にする技法です。パンそのものにも塩や砂糖やバターが含まれていますので、合わせるパンの種類によってソースの濃度は調節します。
　ただ、あまりソースを濃くすると、素材の味を消してしまいます。やはり、バランスが大事です。合わせるパンの厚み、具材の切り方も考えて、ソースの味とのバランスを考えました。
　また、味そのものを濃くするのではなく、ソースに香りをプラスすることもパンとの相性を良くします。従来あるフランス料理にパンを組み合わせる場合、その料理のソースに合う香りをパンのほうにプラスして組み合わせる方法もいいでしょう。

パン料理のおいしさのポイント 2
パンの食感を味わいのポイントにする

　サンドイッチ、ハンバーガーのスタイルではとくに顕著ですが、パン料理の特徴は、パンと具材を一緒に口に入れて味わう点にあります。

　その場合、具材の食感だけでなく、パンの食感もおいしさのポイントになります。パンは、そのまま使うだけでなく、トーストしたり、揚げたりして合わせることで食感の印象、風味の印象が変わります。時間が経って硬くなったパンをあえて使ってスープ料理にする発想もあります。また、パンのふわふわの生地のところだけ使ったり、パンを切る厚みによっても食べたときの印象が変えることもできます。

　いずれにせよ、パンと具材を一緒に食べたときに、パンの存在感が感じられる、パンの味わいを楽しめるような組み合わせ方にするのがいいでしょう。

　同じ料理でも、パンをいろいろ変えてアレンジすることが可能ですが、そのときも、パンの切り方、トーストするかどうかなどをパンの種類によって変えて工夫してみましょう。

パン料理のおいしさのポイント 3
パンの形で楽しさを盛り上げる

　パン料理でもっともポピュラーなサンドイッチ、ハンバーガーは、食パン、バンズパンのパンの形を生かした料理です。でも、ワイン、シャンパンに合うパン料理では、パンの既存の形にとらわれなくてもいいです。パンをちぎったり乱切りにして使い、パンの印象を変えたほうが楽しめます。

　パン・ド・カンパーニュなどドーム型のパンは、パンの形を生かしながら、中をくり抜いてパンを器にして、中に具材を詰めるのも印象が変わります。

　さらに、パンづくりから発想すると、パン料理の盛り付け、見た目がさらに広がります。本書では、クロワッサンの生地を筒状に焼いて中に具材を詰めたり(P92)、フォカッチャを貝の型に生地を入れて焼いたり(P120)もしました。見た目の印象の違いが、おいしさになります。食べ慣れたパンでも、形が変わると味の印象も変わるのです。

　食パンは、くり抜いたり、型に入れたりして形を変えることができますし、包んだり覆ったりできるので、「これは、何だ！」という驚きをアピールすることもできます。

食パンを使った
パン料理

▶サラダと、クリーム煮と、ムースと…

▶はさむ、巻く、重ねる

▶焼く、揚げる、煮る

ゴロゴロパンの豚足メンチ

豚足のコラーゲンたっぷりの旨味、やわらかい肉質の食感を生かしてメンチカツにしました。骨をはずした豚足は、1cm角くらいにカットし、食べたときに食感も味わえるように。メンチカツの衣は、パン粉ではなく角切りにした食パンにしました。揚げるのではなく、フライパンに多めの油を熱して、スプーンで油をすくってかけながら焼く、フレンチの「アロゼ」の手法で調理します。

ゴロゴロパンの豚足メンチ

パン
食パン（ミミは使わない）

組み立て
豚足メンチ＊
トマトソース＊
セルフィーユ

作り方
1 皿にトマトソースを敷いて、豚足メンチをのせ、セルフィーユを飾る

＊豚足の下ごしらえ
材料（作りやすい量）
豚足…4本
玉ネギ…1個
人参…1本
セロリ…1本
白ワイン…100g
水…適量

＊豚足メンチ
材料（4〜5個分）
豚足（下ごしらえしたもの）…200g
豚挽き肉…200g
玉ネギ…100g
塩…6g
胡椒…適量
ナツメグ…適量
食パン　…適量
卵液…適量
薄力粉…適量
サラダ油…適量

作り方
1 豚足の下ごしらえをする。豚足はスライスした玉ネギ、人参、セロリと白ワインと合わせ、水をひたひたになるくらいまで加えてやわらかくなるまで炊く。
2 豚足がやわらかくなったら取り出して、骨を取り除く。
3 塩、胡椒をして四角い容器に詰めて冷蔵庫で冷やし固める。
4 冷やし固めた豚足を1cm角に切り、豚挽き肉、玉ネギみじん切りと、塩、胡椒、ナツメグをよく混ぜ合わせてタネを作る。
5 メンチカツのタネの薄力粉をまぶし、卵液をくぐらせて、角切りにしたパンを貼り付ける。
6 フライパンに多めの油を熱して、⑤を焼く。スプーンで油をすくって上からかけながら全体に焼く。

＊トマトソース
材料（作りやすい量）
ニンニク　…5g
玉ネギ…60g
トマトホール…200g
タイム…1枝
ローリエ…1枚
オリーブオイル…適量

作り方
1 鍋にオリーブオイルを熱して、みじん切りにしたニンニクを炒める。香りが出たら玉ネギのみじん切りを加えてよく炒める。
2 トマトホールを加え、タイム、ローリエを合わせて10分ほど煮てから、塩、胡椒で味を調える。
3 タイム、ローリエを取り出してミキサーにかけてなめらかにする。

南仏風カプレーゼ

トマトとモツァレラチーズとバジルの組み合わせのカプレーゼを、パンと組み合わせながら、オリーブも合わせて南仏風にしました。食パンは丸くくり抜いて、オリーブオイルでカリカリに焼いて、食感も楽しめるように。ミニトマト、オリーブに合わせてモツァレラチーズも丸くくり抜いて、つまみやすいスタイルに。バジルは、ピストゥーというソースにして全体のまとめ役になるようにしました。

南仏風カプレーゼ

パン
食パン

組み立て
食パン（フライパンで焼いて使う）＊
ミニトマト
オリーブ（ブラックとグリーン）
モツァリラチーズ
松の実
ソース・ピストゥ＊

作り方
1 焼いた食パンとトマト、チーズ、松の実、オリーブとソース・ピストゥをボウルで混ぜて塩、胡椒で味を調え、皿に盛り付ける。

＊カリカリ食パン
材料
食パン（10枚切り）…1枚
オリーブオイル…適量

作り方
1 食パンは丸くくり抜く。（ミニトマトと同じくらいの大きさに）
2 フライパンのオリーブオイルをしいて、弱火で焼いていきカリカリにする。

＊ソース・ピストゥ
材料（作りやすい量）
バジル…20g
オリーブオイル…50g

作り方
1 材料をミキサーにかけ、バジルが細かくなるまでまわす。

フライドチキン ブランケット・ド・プーレ

フレンチの基本料理「ブランケット・オ・ヴォー」（子羊のクリーム煮）を「ブランケット　ド　プーレ」（鶏のクリーム煮）」に応用しました。かぶせるパンは食パンです。食パンは、お玉ではさんで成形し、そのまま揚げました。「ブランケット　ド　プーレ」の鶏肉や野菜類、ソースとパンを別々に味わっても、一緒に味わっても楽しいです。骨付き鶏肉を使い、骨をパンの間から飛び出させています。パンでおおう、フランスのエスプリがきいたパン料理であることが分かっていただけると思います。

フライドチキン ブランケット・ド・プーレ

おすすめは、しっかりした白ワインと

パン
食パン（揚げて使う）＊

組み立て
揚げパン
ブランケット ド プーレ（鶏のクリーム煮）＊

作り方
1. 器にブランケット・ド・プーレを盛る。
2. おたまを使い、ドーム型に揚げたパンをかぶせる。このとき、鶏の骨が飛び出すように盛り付ける。

＊揚げパン
材料
食パン
揚げ油

作り方
1. 食パンは、お玉ではさんで成形し、丸く切る。真ん中に切り目を入れ、お玉で挟んだ状態で油で揚げる。

＊ブランケット ド プーレ
材料
骨付き鶏モモ肉…1本
玉ネギ…1/2個
人参…1/2本
ブーケガルニ…1束
白ワイン…150mℓ
水…1ℓ
塩…適量
バター…100g
小麦粉…100g
生クリーム…適量（②の工程で残った煮汁の1.5倍量）

作り方
1. 骨付き鶏モモ肉は、玉ネギ、人参、ブーケガルニ、塩、白ワイン、水とともに1時間ほど煮込む。
2. 骨付き鶏モモ肉と野菜類を取り除き、濾す。
3. バター（無塩）を溶かし、小麦粉を加えて混ぜ合わせ、ブールマニエを作る。
4. ②にブールマニエを加え、とろみが出るまで加熱する。仕上げに生クリームを加える。
5. 骨付き鶏モモ肉と野菜類を、④のソースでからめる。

食パンを使ったパン料理

ホタテと白身魚のムースサンド アンダルーズソース

ソースも食パンも、アンダルーズ風(スペイン風)にしました。パンは、水の代わりにトマトジュースを使って焼き上げたオレンジ色の食パン。フィリングは、ホタテ貝と魚のムースで、アンダルーズソースをかけてはさみました。アンダルーズソースは、ケチャップとリーペリンソースと生クリーム、マヨネーズなどで作るソースで、甲殻類や魚介の料理によく合います。ふわふわの食パンと、フカフカのムースで、外と中の食感はピッタリです。

ホタテと白身魚のムースサンド アンダルーズソース

パン
トマトを加えて焼き上げたオレンジ色の食パン

組み立て
食パン
ホタテと白身魚のムース＊
アンダルーズソース＊

＊ホタテと白身魚のムース
材料（作りやすい量）
ホタテ貝柱…300g
白身魚…200g
卵白…1個分
生クリーム…400㎖
塩…適宜
カイエンペッパー…適宜

作り方
1 ホタテ貝柱と白身魚を合わせ、ミキサーにかける。泡立てた生クリームと卵白を加えて混ぜ合わせ、塩、カイエンペッパーで調味する。
2 ①を型に入れ、湯煎しながら100℃のオーブンで30分加熱する。

＊アンダルーズソース
材料
ケチャップ…3
リーペリンソース…1
マヨネーズ…3
クリームフェッテ…1
コンデンスミルク…1
グランマニエ…1
※数字は割合です

食パンを使ったパン料理

ワインと相性のいい、ローストビーフをパンではさみました。シンプルなローストビーフサンドでもワインに合いますが、ひと工夫して味わいに奥行きのあるパン料理に。食パンは、片面を卵液に浸けてバターで焼き、パンにはベシャメルソースを塗り、マデラ酒を詰めて作るソース・ペリグーを合わせました。トリュフのみじん切りを振り、赤ワインがそそる仕上げにしています。

ローストビーフをはさんだクロックムシュー

ローストビーフをはさんだクロックムシュー

パン
食パン（8枚切り）

組み立て
卵液＊を浸して焼いた食パン
ローストビーフ＊
ベシャメルソース＊
ソース・ペリグー＊
トリュフみじん切り
セルバチコ

作り方
1 食パンは、ミミを切り落とし、対角線に半分に切る。
2 卵液に、食パンの片面だけを浸し、バターで浸した面を焼く。
3 食パンの焼かない面にベシャメルソースをぬり、薄切りにしたローストビーフを挟む。
4 皿にソース・ペリグーをしいて、3を半分に切って盛り付ける。
5 みじん切りにしたトリュフ（適量）を散らし、セルバチコ（適量）を飾る。

＊卵液
材料
全卵…1個
牛乳…50g
塩…少々
1 材料をよく混ぜ合わせる。

＊ローストビーフ
作り方
1 牛肩ロースのかたまり（200g程度）の表面をフライパンで焼き色をつけ、オーブンに移して好みの加減に火入れする。
2 オーブンに入れた時間だけ温かい場所で休ませてから、薄切りにする。

＊ベシャメルソース
材料（作りやすい量）
牛乳…500g
薄力粉…50g
バター（無塩）…50g
塩…適量
胡椒…適量

作り方
1 鍋にバターを熱し、薄力粉を加えて、粉っぽさがなくなるまで炒める。
2 温めた牛乳を加えて、よく混ぜ合わせてなめらかにする。
3 塩、胡椒で味を調える。

＊ソース・ペリグー
材料（作りやすい量）
トリュフ…30g
マデラ酒…100㎖
フォンドヴォー…400㎖
バター（無塩）…30g
塩…適量
胡椒…適量

作り方
1 マデラ酒を鍋に入れて火にかけ、10分の1くらいになるまで煮詰める。
2 フォンドヴォーを加えて、半分になるまで煮詰める。
3 バターを加えてよく混ぜ、塩と胡椒で味を調える。

ハート型にくり抜いて焼いた食パンは、見た目のインパクト大。牛ホホ肉の赤ワイン煮は、パンと相性がいいのはもちろんですが、ワインと一緒に楽しむことを考えて、マッシュポテトを合わせました。赤ワイン煮の味の個性が強いので、単調になりがちですが、マッシュポテトを添えると、味わいに変化が出せるのと、パンと一緒に食べる価値が高まります。食パンはトーストし、バターを一部にぬり、そこにパセリのみじん切りを振って飾りとアクセントにしました。

牛ホホ肉の赤ワイン煮

牛ホホ肉の赤ワイン煮

■ パン
食パン（トーストしてハート型にくり抜き、上部にバターをぬり、そこにパセリのみじん切りを振る）

■ 組み立て
食パンのトースト
牛ホホ肉の赤ワイン煮＊
マッシュポテト＊

■ 作り方
1 器に牛ホホ肉の赤ワイン煮とマッシュポテトを盛り付ける。
2 トーストしてハート型に切った食パンのハート型の上部にバターをぬり、そこにパセリのみじん切りをふる。このトーストを立てかけて盛り付ける。

＊牛ホホ肉の赤ワイン煮
材料（作りやすい量）
牛ホホ肉…2kg
玉ネギ…2個
人参…1本
セロリ…1本
ニンニク…1株
赤ワイン…2ℓ
フォンドヴォー…500g
トマトペースト…20g
薄力粉…適量
タイム…適量
ローリエ…適量
塩…適量
胡椒…適量
オリーブオイル…適量

作り方
1 牛ホホ肉は、スライスした玉ネギ、人参、セロリ、ニンニクと赤ワインでひと晩マリネする。
2 マリネしたら、牛ホホ肉、野菜、マリネ液に分け、野菜はオリーブオイルでソテーする。
3 マリネした牛ホホ肉は、塩、胡椒をして薄力粉をまぶし、オリーブオイルでソテーする。焼き色が付いたら、②の野菜と合わせる。
4 ②のマリネ液と③、トマトピューレ、フォンドヴォー、タイム、ローリエを合わせて6時間ほど煮込む。
5 煮込んだら牛ホホ肉は取り出す。残りの煮汁は漉して、塩と胡椒で味を調える。
6 牛ホホ肉を⑤に戻し、冷蔵庫でひと晩休ませる。
7 提供する分を温めて皿に盛り付ける。

＊マッシュポテト
材料（作りやすい量）
メイクイン…500g
バター（無塩）…30g
生クリーム…50g
牛乳…50g
塩…適量
胡椒…適量

作り方
1 メイクインは、茹でて皮をむいてから裏漉しする。
2 バター、牛乳、生クリームを鍋に入れて火にかけ、沸く直前まで温める。
3 ②を①に加えてよく混ぜ、塩と胡椒で味を調える。

食パンを使ったパン料理

クロケットサンド

フランス料理に、ポム・ド・フィーヌという付け合せの料理があります。ジャガイモとピューレとシュー生地を混ぜて揚げたもので、鶏肉のローストや牛肉の赤ワイン煮などに添えられ、なめらかな生地とともに肉料理のソースを味わえる付け合せです。このポム・ド・フィーヌに玉ネギ、挽き肉を入れてコロッケ風にしてみました。パンは食パンで、ソースはマヨネーズとケチャップと中濃ソースを混ぜた、懐かしい味わいのものを合わせました。ポム・ド・フィーヌをベースにした、とろけるように柔らかいコロッケが、食パンの口溶けのいい生地にピッタリです。

クロケットサンド

good pairing
おすすめは、シャンパンと

パン
食パン

組み立て
食パン
ポム・ド・フィーヌ＊
マヨネーズ
中濃ソース＋ケチャップ
サラダ菜

作り方
1. 食パンを、ポム・ド・フィーヌよりひとまわり大きいセルクルでぬく。
2. ポム・ド・フィーヌとサラダ菜を食パンではさみ、中濃ソース、マヨネーズソースをかける。

＊ポム・ド・フィーヌ
材料
ジャガイモ…大1個
挽き肉（牛と豚の合挽き肉）…200g
玉ネギ…1/2個
塩…少々
胡椒…少々
バータ・シュー（シュー生地）…適宜（ジャガイモ、挽き肉と玉ネギを炒めたものを合わせた重量の1/3）
薄力粉…適量
卵液…適宜
パン粉…適宜
揚げ油…適量

作り方
1. ジャガイモのペーストを作る。ジャガイモを茹でて皮をむき、つぶす。
2. 挽き肉と、みじん切りの玉ネギを炒める。塩、胡椒で下味をつける。
3. ジャガイモのペーストに、バータ・シュー（シュー生地）を混ぜ合わせ、生地を作る。②を加えて混ぜ合わせる。
4. ③の生地を1個120gほどで丸く成形し、薄く小麦粉をまぶして卵液にくぐらせ、パン粉をまぶす。180℃で1個につき6分ほど揚げる。

食パンを使ったパン料理

鶏モツのコンフィ バルサミコソース

鶏レバー、鶏のハツと砂肝をコンフィにし、バルサミコソースで。コンフィは、ガチョウの脂でじっくりコンフィにし、しっとりと仕上げます。もちろん、これだけでワインに合う一品料理なのですが、ここにトーストを合わせました。星型、ハート型、ひし形にくり抜いて焼いたものを飾り、見た目の印象にもひと工夫。トーストにバルサミコソースをからめても楽しめますし、トーストは箸休め的な役割をして楽しみ方の幅を広げます。

鶏モツのコンフィ バルサミコソース

good pairing
おすすめは、ミディアムボディの赤ワインと

パン
食パン

組み立て
食パン
鶏モツ（レバー、ハツ、砂肝）のコンフィ＊
バルサミコソース＊
ニンニク（みじん切り）
パセリ（みじん切り）

作り方
1 にんにく（3g）をサラダ油（適量）で熱し、香りが出たら鶏モツのコンフィを加えてさっといためる。パセリのみじん切りを振る。
2 バルサミコソースをかけ、抜型で抜いてトーストした食パンを散らす。

＊鶏モツのコンフィ
材料（作りやすい量）
鶏レバー…200g
鶏ハツ…200g
砂肝…200g
塩…6g
胡椒…2g
ガチョウの脂…600g
ニンニク…1株
タイム…適量

作り方
1 鶏レバー、ハツ、砂肝は食べやすい大きさにカットし、塩を振って4時間ほどマリネする。
2 ガチョウの脂を鍋に入れ、マリネした鶏モツ、ニンニク、タイムを合わせて65～70℃を保ちながら7時間ほど炊く。

＊バルサミコソース
材料（作りやすい量）
バルサミコ酢…200g

作り方
1 バルサミコ酢を鍋に入れて火にかけ、4分の1になるまで煮詰める。

食パンを使ったパン料理

2種類のツナを使用しました。1つはツナ缶にマヨネーズを合わせた定番のツナサラダ。1つは、マグロの赤身をマリネしました。マグロのマリネは、ツナロールと一緒に食べてもいいですし、マグロのマリネだけ食べてもいいように盛り付けて、味も付けました。マリネしたマグロは変色しにくいのも利点で、ツナサラダだけでは彩りが乏しいパン料理になりがちですが、マグロの赤身のマリネとサラダ菜でカラフルに仕上げました。ツナを食パンで巻いたツナロールを細巻きにしたり、黒糖食パンに替えるだけでも、印象が変わります。

ロールツナサンド

ロールツナサンド

パン
食パン

組み立て
食パン
ツナペースト＊
マグロマリネ＊
サラダ菜

作り方

1 耳を切った食パンにツナペーストをぬる。

2 丸く巻いて成形して切る。

3 マグロマリネ、サラダ菜を間に挟み、器に立体的に盛り付ける。

＊ツナペースト
材料（作りやすい量）
ツナ（マグロ油漬け）…100g
マヨネーズ…30g
塩…少々
胡椒…少々

作り方

1 ツナにマヨネーズ、塩、胡椒を加えて和える。

＊マグロマリネ
材料（作りやすい量）
マグロ刺身（赤身）…1サク
塩…適宜（マグロの重量の1％）
砂糖…適宜（マグロの重量の0.4％）

作り方

1 マグロは、固まりのまま塩、砂糖をまぶし、半日ほどマリネしておく。

2 薄くスライスする。

フランス人にとって、おふくろの味の代表料理とかフランスの国民食と評されるアッシェパルマンティエ。パンを添えて味わう料理ですが、食パンと重ねるスタイルにしてパン料理にしました。ボウルの中で食パンとミートソースとマッシュポテトを重ね、ドーム状にすることで第一印象を面白くしています。冷めても楽しめますが、アッシェパルマンティエは本来、温かい料理なので、熱いミートソースと熱いマッシュポテトを重ねて提供するのがおすすめです。

アッシェパルマンティエ

アッシェパルマンティエ

good pairing
おすすめは、軽めの赤ワインと

パン
食パン(8枚切り)

組み立て
食パン
ミートソース＊
マッシュポテト＊

作り方

1. 型にするボウルを用意する。ボウルは食パンのトーストでフタにするので、ボウルの直径が食パンの1辺より小さいものを選ぶ。
2. 食パンは2枚トーストし、1枚はフタにするサイズで丸く切る。1枚はフタ用とは二回り小さく丸く切る。
3. ボウルにラップをしいて、小さいほうのトーストを入れ、その上にミートソースを入れてならす。
4. ミートソースの上にマッシュポテトを入れてならし、ミートソースを入れてならし、もう1枚のトーストでフタをする。ひっくり返してボウルから出し、ラップをはずして半分に切る。

＊ミートソース
材料(作りやすい量)
牛挽き肉…300g
玉ネギ(みじん切り)…150g
ニンニク(みじん切り)…10g
タイム…適量
ローリエ…適量
トマト…150g
赤ワイン…100g
オリーブオイル…適量
塩…適量
胡椒…適量

作り方

1. 鍋にオリーブオイルを熱して、ニンニクを炒める。香りが出たら玉ネギを加えて炒める。
2. 牛挽き肉を加えたらよく炒める。
3. 牛挽き肉に火が通ったら、トマトの角切り、タイム、ローリエ、赤ワインを加えて煮込む。
4. 水分がなくなったら、塩と胡椒で味を調える。

＊マッシュポテト
材料(作りやすい量)
メイクイン…500g
バター(無塩)…30g
生クリーム…50g
牛乳…50g
塩…適量
胡椒…適量

作り方

1. メイクインは、茹でて皮をむいてから裏漉しする。
2. バター、牛乳、生クリームを鍋に入れて火にかけ、沸く直前まで温める。
3. ②を①に加えてよく混ぜ、塩と胡椒で味を調える。

食パンを使ったパン料理

バスク風卵のココット焼き

フランスとスペインの国境のバスク地方風に野菜を炒め煮し、それに卵を落としてオーブン焼きにしました。食パンをトーストしたものをココットのフタにして提供します。このトーストも、パプリカパウダーを振ってバーナーで炙り、バスク風に。トーストにオーブン焼きした卵をからめたり、野菜の炒め煮をのせて食べたりしたときに相性がいいトーストにしました。

バスク風卵のココット焼き

パン
食パン（バスク風トースト）

フィリング
バスク風トースト＊
野菜の炒め煮＊
全卵

作り方
1 ココットに野菜の炒め煮を入れ、卵1個を割り落とす。卵の上に塩、胡椒をする。
2 180℃のオーブンで30分ほど、卵の表面に火が入るまで加熱する。
3 ココットのフタにするサイズに丸く切った食パンでバスク風トーストを作ってのせて提供する。

＊バスク風トースト

材料
食パン…1枚
卵黄…適量
パプリカパウダー…適量

作り方
1 丸く切った食パンに卵黄をぬる。
2 パプリカパウダーをふって、バーナーで炙ってトーストにする。

＊野菜の炒め煮

材料（作りやすい量）
玉ネギ（串切り）…1個
パプリカ（赤と黄）（串切り）…各1個
ズッキーニ（半月切り）…1本
ナス（半月切り）…1本
パプリカパウダー…適量
トマト（角切り）…500g
カイエンヌペッパー…適量
オリーブオイル…適量
塩…適量
胡椒…適量

作り方
1 深鍋とフライパンを用意する。フライパンにオリーブオイルを熱して、玉ネギを塩、胡椒して炒める。よく炒めたら深鍋に移す。
2 フライパンでパプリカを同様に炒め、よく炒めたら①の深鍋に移す。続いてズッキーニを炒めて深鍋に移し、ナスを炒めて深鍋に移す。
3 深鍋にトマトを加えて30分ほど煮る。
4 水分が減って煮上がったら、塩、胡椒、カイエンヌペッパーで味を調える。

南フランスの代表料理の一つ、ブランダードは干しダラで作ることが多いのですが、今回はズワイガニのフレークも混ぜて、コクと旨味の強いブランダードにしました。コクがあるので、トーストとの相性も増しています。「パンのお替りができますので、ご希望ならお申し付けください」と、ひと言添えて提供すると、このパン料理の魅力が高まるでしょう。

ズワイガニとタラのブランダード

ズワイガニとタラのブランダード

パン
食パン（トースト）

組み立て
トースト
ズワイガニとタラのブランダード＊

作り方
1 器にブランダードを入れ、上にトーストを飾る。トーストを別添えもして提供する。

＊ズワイガニとタラのブランダード
材料（作りやすい量）
タラ（生切り身）…200g
塩（生タラ用）…4g
ズワイガニ（フレーク）…100g
メインイン…300g
牛乳…400g
ニンニク…3片
塩…適量
胡椒…適量

作り方
1 タラは塩を振って1時間ほど塩漬けにする。
2 メイクインは茹でて皮をむいて、裏漉しする。
3 塩漬けしたタラは、牛乳とニンニクと合わせて火にかける。タラに火が入ったら取り出す。（牛乳は残しておく）
4 ズワイガニのフレークと③のタラを合わせ、裏漉したメイクインを合わせて混ぜる。ここに③で残しておいた牛乳を加えて濃度を調整する。
5 塩、胡椒で味を調え、冷やす。

食パンを使ったパン料理

すべての野菜を焼いて食パンのトーストではさみました。シンプルに、焼いて味わいが濃くなった野菜の味をそのまま味わってもらうパン料理です。野菜を引き立てるために、食パンは薄く切ってトーストしましたし、スモークチーズも薄くカットして焼いてはさみました。野菜の味を引き立てるソースとして、グリーンオリーブのソースとタプナードを組み合わせました。

焼き野菜サンド

焼き野菜サンド

パン
食パン

組み立て
食パン
玉ネギ
カボチャ
ズッキーニ
人参
アンディーブ
トマト
スモークチーズ
ソース・オリーブ＊
タプナード＊

作り方
1 野菜は、適宜カットし、焼く。スモークチーズは、薄くカットし焼く。
2 食パンは薄く切り、トーストする。
3 タプナードをパンにぬり、焼き野菜をのせる。ソース・オリーブをかける。

＊ソース・オリーブ
材料（作りやすい量）
グリーンオリーブのペースト…200g
EXバージンオリーブオイル…60g
塩…少々
胡椒…少々

作り方
1 グリーンオリーブのペーストを、オリーブオイルでつなぐ。（＊ペースト10に対し、オイル3の割合で、やや重めに仕上げる。）
2 塩、胡椒で味付けする。

＊タプナード
材料（作りやすい量）
ブラックオリーブ…200g
アンチョビ（フィレ）…2枚
ツナ…大さじ1〜2
オリーブオイル…適量（全体がつながる程度の量）

作り方
1 オリーブオイルを少しずつ加えながら、他の材料をフードプロセッサーにかける。
2 全体がつながったら完成。

パンペルデュのクロックマダム

食パンは、卵、牛乳、生クリームに浸してハムとチーズをはさんで、フライパンで両面を焼いてクロックマダムにしました。チーズはグリエールチーズで、ハムはソフトサラミで。全体にコクのある仕上がりなので、玉子は揚げた玉子にしてのせ、野菜の食感もほしいのでサラダ菜をのせました。温かいうちがおいしいので、フレンチトースト、揚げ玉子のでき上がりのタイミングを合わせて仕上げるようにしてください。

パンペルデュのクロックマダム

パン

食パン

パンペルジュのクロックマダム

材料
食パン…1枚
卵…1個
牛乳…100㎖
生クリーム…100㎖
塩…少々
胡椒…少々
ボンレスハム…1枚
グリエールチーズ…20g
サラダ油…小さじ1
バター（無塩）…小さじ1
卵（揚げ用）…1個
サラダ菜…1枚

作り方
1 卵、牛乳、生クリーム、塩、胡椒をよく混ぜて、食パンを浸ける。
2 卵液に浸けたパンを対角線に半分に切り、ハム、チーズをはさむ。
3 サラダ油とバターをひいたフライパンで②の両面を焼く。
4 こんがり焼き色が付き、中のチーズが溶けてきたらフライパンから出す。
5 仕上げに揚げた玉子、サラダ菜をのせる。

食パンを使ったパン料理

フォワグラの濃厚な味わいにマッチする、ハチミツのソースとキャラメリゼしたリンゴを合わせました。食パンはバターで片面だけ焼いて、重くならないようにしてのせました。パンが加わると、ハチミツのソースでパンを味わったり、リンゴのキャラメリゼとパンを味わったり、楽しみ方が広がります。トーストを2枚添えて、サンドして味わってもらうスタイルもいいでしょう。

フォワグラのポワレ リンゴのキャラメリゼ添え

フォワグラのポワレ リンゴのキャラメリゼ添え

■ パン
食パン

■ 組み立て
食パン（片面だけバターで焼く）
フォワグラのポワレ＊
リンゴのキャラメリゼ＊
ハチミツのソース＊

■ 作り方
1 フォワグラのポワレにハチミツのソースをかける。

2 リンゴのキャラメリゼを添える。

3 片面だけバターで焼いた食パンを添える。

＊フォワグラのポワレ
材料
フォワグラ…100g
薄力粉…適量
サラダ油…適量

作り方
1 フォワグラに薄力粉をまぶす。

2 フライパンに油を熱し、1のフォワグラを両面焼く。

＊リンゴのキャラメリゼ
材料
リンゴ…1/8カットを3個
グラニュー糖…5g
バター（無塩）…5g

作り方
1 フライパンにグラニュー糖を入れて火にかけ、バター、リンゴを加えて強火で加熱する。

2 グラニュー糖が溶けてキャラメル状になり、リンゴにからまったらできあがり。

＊ハチミツのソース
材料（作りやすい量）
ハチミツ…50g
赤ワインビネガー…100g
フォンドヴォー…200g
塩…適量
胡椒…適量

作り方
1 ハチミツを鍋に入れて火にかけ、キャラメリゼする。

2 赤ワインビネガーを一気に入れる。

3 フォンドヴォーを加えて半分くらいになるまで煮詰める。

4 煮詰まったら塩、胡椒で味を調える。

DEパーティーのサイコロ

サイコロの中にサンドイッチが入っています。そのサンドイッチは、はさむ具材すべてをDE（サイコロ状）にしています。中を見る楽しみ、遊び心満載のパン料理です。パンは、バターを多めに加えてリッチに仕上げた食パンを選びました。それに合わせて、使うハムはイベリコ豚の自家製ハム。ジャガイモを茹でてつぶした「イカゼ」と、DE（サイコロ状）にカットした人参、トマト、キュウリ、ハムを合わせてはさみました。コルニッションもDE（サイコロ状）に切っています。パーティー向きのパン料理なので、まわりに彩りよく野菜を飾るといいでしょう。

DEパーティーのサイコロ

パン
食パン(バターを多めに加えてリッチに仕上げた食パンが合う)

パンにはさむフィリング
イベリコ豚の自家製ハム入りジャガイモのイカゼ＊
レタス
ラディッシュ

作り方
1. 食パンに、レタスとジャガイモのイカゼをはさむ。
2. 薄切りにした食パンの外側、端で、①を囲む。
3. マヨネーズでサイコロの目を外側のパンに飾りつける。ラディッシュなどを添える。

＊イベリコ豚の自家製ハム入りジャガイモのイカゼ
材料
ジャガイモ…1個
人参…30g
トマト…30g
キュウリ…30g
イベリコ豚のハム…30g
コルニッション…30g
マヨネーズ…100g

作り方
1. ジャガイモは、皮をむいて茹で、フォークで軽く潰す。
2. 人参は小角に切り、茹でる。トマト、キュウリ、ハムは、すべて人参と同じ大きさの小角に切る。コルニッションも小角に切る。
3. ①、②を合わせ、マヨネーズでつなぐ。

ブール ド エスカルゴ

たっぷりのクルトンの上にエスカルゴを盛り付け、パンの存在感を高めたひと皿にしました。エスカルゴの殻の中には、味付けしたエスカルゴとパセリバター。クルトンは食パンをバターで焼いて、エスカルゴと一緒に食べたときに相性がいい風味にしました。クルトンとエスカルゴを一緒に食べても別々に食べても楽しめるパン料理です。

ブール ド エスカルゴ

パン
食パン（角切りにしてバターで焼く）

組み立て
クルトン＊
エスカルゴ＊
パセリバター＊

作り方
1 エスカルゴは殻から出して味付けする。
2 殻の中に①のエスカルゴとパセリバターを入れて、180℃のオーブンで3分ほど加熱する。
3 バターで焼いて作ったクルトンを皿に敷いて、②のエスカルゴを盛り付ける。

＊エスカルゴ
材料（作りやすい量）
エスカルゴ…300g
玉ネギ（みじん切り）…100g
人参（みじん切り）…50g
ポルト酒…200g
赤ワイン…200g
タイム…適量
ローリエ…適量
オリーブオイル…適量

作り方
1 鍋にオリーブオイルを熱して、玉ネギ、人参をソテーする。
2 殻から出したエスカルゴを加え、ポルト酒、赤ワイン、タイム、ローリエを加えて弱火で炊く。
3 水分が少なくなるまで炊いたら完成。
4 殻に炊いたエスカルゴとパセリバターを入れて、180℃のオーブンで3分加熱する。

＊パセリバター
材料（作りやすい量）
バター（無塩）…60g
エシャロット（みじん切り）…10g
ニンニク（みじん切り）…5g
パセリ（みじん切り）…15g
塩…適量
胡椒…適量

作り方
1 ニンニク、エシャロット、パセリをフードプロセッサーにかけて細かくする。
2 バターを加えてよく混ぜ、塩と胡椒で味を調える。

＊クルトン
材料
食パン…適量
バター（無塩）…適量

作り方
1 食パンはミミを切り、角切りにする。
2 フライパンにバターを熱して、角切りした食パンをこんがり色づくまで焼く。

オニオンパンスープ

南フランスの家庭料理に硬くなったパンをスープに入れる料理があります。チロル地方にもパンを団子状に丸めてスープに加える料理があります。硬くなったパンや残ったパンを上手に活用した料理が世界各地にあります。この料理は、食パンを使い、シンプルな、手早く作れるひと皿にしてみました。軽食にもなる温かい料理ですし、チキンスープに浸ったパンは白ワインにもよく合います。

オニオンパンスープ

パン
食パン

オニオンパンスープ

材料（作りやすい量）
食パン…200g
玉ネギ（みじん切り）…200g
チキンブイヨン…500g
ニンニク（みじん切り）…3g
塩…適量
胡椒…適量
オリーブオイル…適量
パセリ（みじん切り）…適量

作り方
1. 鍋にオリーブオイルを熱し、ニンニクを炒めて香りが出たら玉ネギを加えて炒める。
2. チキンブンヨンを加えて煮立たせ、パンを加える。
3. パンがやわらかくなったら塩、胡椒で味を調えて火を止める。
4. 器に盛り付けて、パセリを振る。

ハムのリエットサンド

食パンを使ったシンプルなハムサンドをアミューズらしくアレンジしました。ハムはリエットに。口溶けのいいハムは、オードブルでは魅力が増します。見た目に楽しいハムサンドになるよう、食パンは花びら型のセルクルで抜きました。緑色が目に飛び込んでくると一段とおいしく見えるので、サラダ菜を合わせ、パーカーサンドのように口を開けたようなはさみ方をしました。マヨネーズもピクルスも脇役ですが、パンの間から見えるように盛り付けると、ワインのおつまみとしてのおいしさを引き立ててくれます。

ハムのリエットサンド

パン
食パン

組み立て
食パン
サラダ菜
ハムのリエット＊
ピクルス
マヨネーズ

作り方
1 食パンを花びら型のセルクルで型抜きする。
2 サラダ菜、ハムのリエット、ピクルスを食パンにのせ、マヨネーズをかけて食パンをのせる。

＊ハムのリエット
材料（作りやすい量）
ロースハム…100g
ピュアオリーブオイル…10g
塩…少々（ハムによって塩分が異なるので、
　それぞれ調整する）
タイム…少々
胡椒…少々

作り方
1 材料をすべてフードプロセッサーにかけてペースト状にし、丸く成形してラップで包んで冷蔵する。

食パンを使ったパン料理

フランボワーズ風味のフレンチトースト

軽食、スイーツとして楽しまれるフレンチトーストですが、ベリー系の甘酸っぱい風味をプラスすることでスパークリングワインに合うパン料理にアレンジしました。添えるソースもフランボワーズソースにしました。添えたバニラアイスは、温かいフレンチトーストにのせてソースとしても味わえますので、フレンチトーストの上に盛り付けて提供するスタイルもいいでしょう。

フランボワーズ風味のフレンチトースト

good pairing おすすめは、シャンパンと

パン
食パン

組み立て
フランボワーズ風味のフレンチトースト＊
粉糖
フランボワーズソース＊
バニラアイス
ココアパウダー

作り方
1. 皿にフランボワーズソースを流し、フランボワーズ風味のフレンチトーストをのせる。
2. フレンチトーストに粉糖を振る。
3. グラスに入れたバニラアイス（適量）を添え、アイスの上にココアパウダー（適量）を振る。

＊フランボワーズ風味のフレンチトースト
材料
食パン…1枚
フランボワーズピューレ…50g
牛乳…50g
全卵…1個
グラニュー糖…10g
バター（無塩）…適量
粉糖…適量

作り方
1. 牛乳、卵、砂糖、フランボワーズピューレを混ぜ合わせて卵液を作る。
2. 半分に切った食パンを卵液に浸す。
3. フライパンにバターを熱し、卵液に浸した食パンの両面を焼く。
4. 皿に盛り付けたら粉糖を振る。

＊フランボワーズソース
材料（作りやすい量）
フランボワーズピューレ…100g
グラニュー糖…10g

作り方
1. 鍋にフランボワーズピューレを入れて火にかけ、2割くらい減るまで煮詰める。
2. 砂糖で味を調整する。

食パンを使ったパン料理

フルーツと食パンとクリームの組み合わせ。サンドにすればフルーツサンドになりますが、グラスに盛り付けました。グラスに食パンとフルーツを盛り付けると、はさむときよりフルーツをたくさん合わせられるので、スパークリングワインとより楽しめるパン料理にできます。クリームに使う生クリームは泡立てて合わせて軽い口当たりにしました。フルーツはベリー系を中心にし、スパークリングワインに合うようにしました。旬のフルーツを使えば、季節感も楽しめるパン料理になります。

フルーツサンド パルフェ風

フルーツサンド パルフェ風

パン
食パン

組み立て
食パン
ブルーベリー
フランボワーズ
イチゴ
モモ
パイナップル
マンゴー
リンゴ
パータ・ボンブ＊
粉糖
フレッシュミント

作り方
1 ミミを切った食パンを丸めてグラスに入れる。

2 食パンの内側に、フルーツ類とパータ・ボンブを詰める。

3 粉糖を振り、ミントを飾る。

＊パータ・ボンブ

材料（作りやすい量）
卵黄…9個分
シロップ…250g
生クリーム…250g
グランマニエ…少々

作り方
1 鍋で卵黄を温めながら、加熱したシロップを加えてよく混ぜる。

2 一度冷やし、泡立てた生クリームを加える。グランマニエで風味づけする。

COLONNE 1

パン料理に便利な
マヨネーズ、
ケチャップは
ひと工夫で！

マヨネーズは、万能のソースベース！

マヨネーズは、元々フレンチのソースの一つ。サンドイッチではよく使いますし、パンと具材をまとめる力があるので、パン料理でも様々な食材や調味料等との組み合わせが可能です。例えば、サフランを加えて魚系のソースにしたり、カレー粉を加えて肉系と合わせたり。黒胡椒や醤油、七味唐辛子などの定番調味料も、マヨネーズに加えればソースになります。バジルやパプリカ、フランボワーズといった彩りのよい野菜や果実をピューレ状にして混ぜても、きれいなソースになります。さらに生姜のコンフィを加えて豚肉に、キノコペーストと合わせて秋の季節感を表現するなど、ソースのベースとして様々に使用できます。マヨネーズに素材を練り込む場合、見た目にもきれいですし、オブラートの役割を果たしてマイルドに感じさせる効果があります。

ケチャップは隠し味として複合的に使用

ケチャップの場合、単品で合わせると味がきついので、他の調味料と組み合わせて使うのがおすすめです。クレーム・フェッテやマヨネーズなどの類緩衝材になるような素材と組み合わせてパン料理に使うとよいでしょう。マヨネーズとケチャップを混ぜると定番のオーロラソースになります。そこにさらにオレンジジュースを加えるなど、もうひとひねりすれば、幅が広がります。また、ジャガイモピュレと合わせると濃度が高まり、ソースであり、ガルニにもなります。味に深みが出るので、隠し味としてジャガイモのピュレ使ってもよいでしょう。

バゲット、パン・ド・カンパーニュを使ったパン料理

▶赤ワイン煮と、テリーヌと、ブイヤベースと…

▶サーモンと、鴨肉と、豚ロースと…

▶のせる、くり抜く、はさむ

相性のいいサーモンマリネとサワークリームをパンにのせました。パンは、風味に個性がある、キャラウェイシードとライ麦の入ったパンを選びましたが、バゲットでも合いますし、ベーグルも合います。ワインと楽しむパン料理なので、サワークリームだけ、サーモンだけでも楽しめるよう、サワークリームもたっぷり、サーモンマリネも大きくカットしてのせるのがポイントです。

サーモンマリネとサワークリームのタルティーヌ

サーモンマリネとサワークリームのタルティーヌ

パン

キャラウェイシード、ライ麦入り
　パン・ド・カンパーニュ

組み立て

キャラウェイシード、ライ麦入り
　パン・ド・カンパーニュ
サーモンマリネ＊
サワークリーム＊
ケッパー
ディル
ピンクペッパー

＊サーモンマリネ

材料（作りやすい量）
サーモン…500g
塩…7g
グラニュー…2g
粒胡椒…2g

作り方
1 塩、グラニュー糖、粒胡椒を合わせてサーモンを8時間マリネする。
2 マリネしたサーモンは水で洗い、水気を拭き取ってから冷蔵庫に入れて乾かす。
3 カットして盛り付ける。

＊サワークリーム

材料（作りやすい量）
サワークリーム…100g
エシャロット（みじん切り）…10g
牛乳…10g
塩…適量
胡椒…適量

作り方
1 サワークリーム、エシャロット、牛乳をよく混ぜ合わせる。
2 塩、胡椒を混ぜて味を調える。

バゲット、パン・ド・カンパーニュを使ったパン料理

バゲットの切り口いっぱいにシェーブルチーズが広がるようにのせてオーブンで焼いて提供します。ヤギの乳で作るシェーブルチーズはクセがありますが、タイム（葉のみ）を一緒に多めにのせて焼くと風味がやわらぎます。さらに、仕上げにエキストラ・ヴァージン・オリーブオイルを振ることで、香りと味わいを重層的になり、ワインとの相性を深めます。箸休め的になる水菜とチコリと盛り付けました。

シェーブルチーズのタルティーヌ

シェーブルチーズのタルティーヌ

good pairing おすすめは、軽めの赤ワインと

パン
バゲット

組み立て
バゲット
シェーブルチーズ
タイムの葉
エキストラ・ヴァージン・オリーブオイル
水菜
チコリ

作り方
1 切ったバゲットに、シェーブルチーズ（70gほど）をのせ、タイムの葉のみをのせ、オーブンでチーズが溶けるまで焼く。
2 仕上げにオリーブオイルを振り、チコリ、水菜と盛り付ける。

バゲット、パン・ド・カンパーニュを使ったパン料理

イベリコ豚のリエット

厚切りにしたバゲットの上に、山盛りにしてイベリコ豚のリエットをのせました。リエットはもちろんワインと相性がいいです。バゲットをちぎりながら、リエットと味わう楽しみ方もできますので、厚切りバゲットにのせるとお得感も高まります。山盛りのリエットが飽きないよう、ピクルス、コルニッションを一緒に皿に飾りました。

イベリコ豚のリエット

パン
バゲット

組み立て
バゲット
イベリコ豚のリエット＊
コルニッション
ピクルス
セルバチコ

作り方
1 バゲットを厚めに切り、上にイベリコ豚のリエットを山盛りにのせる。
2 上にセルバチコを飾り、ピクルス、コルニッションを添えて提供する。

＊イベリコ豚のリエット
材料（作りやすい量）
イベリコ豚バラ肉…500g
塩（マリネ用）…6g
玉ネギ（スライス）…70g
人参（スライス）…35g
セロリ（スライス）…18g
ニンニク（スライス）…10g
タイム…適量
ローリエ…適量
白ワイン…70㎖
水…400㎖
塩…適量
胡椒…適量
オリーブオイル…適量

作り方
1 豚バラ肉を、塩と玉ネギ、人参、セロリ、ニンニク、タイム、ローリエと合わせて冷蔵庫で1日マリネする。
2 豚バラ肉とマリネした野菜のみを鍋でオリーブオイルでソテーする。
3 マリネした豚バラ肉は角切りにし、2の鍋に加えて炒める。
4 白ワイン、水を加えて肉がやわらかくなるまで炊く。
5 肉がやわらかくなったら、タイムとローリエを取り出す。
6 肉と野菜と水分に分け、水分だけ火にかけて半分くらいになるまで煮詰める。
7 肉と野菜はフードプロセッサーにかけて細かくする。
8 7に6の水分を加えてやわらかさを調整し、塩、胡椒で味を調える。
9 容器に入れて冷蔵庫で冷やす。

バゲット、パン・ド・カンパーニュを使ったパン料理

カンパーニュサンド ソース・ムスリーヌ

パテ・ド・カンパーニュとパン・ド・カンパーニュの組み合わせです。ソースは、生クリームとマヨネーズで作るソース・ムスリーヌに粒マスタードを合わせたもの。彩りよく、ヤングコーンとカリフラワー、人参、赤玉ネギ、ピクルスを立体的にパンの器の中に置きました。パテ・ド・カンパーニュも、細かい豚肉、粗い豚肉、デ（小角）の豚肉の3タイプに叩き分けることで、食感を工夫しました。ミンチ機にかけるとどうしても熱が入って食感が変わってしまうため、首肉、バラ肉は包丁で叩いて作ったのがポイントです。

カンパーニュサンド ソース・ムスリーヌ

good pairing
おすすめは、シャンパンと

パン
パン・ド・カンパーニュ

組み立て
パン・ド・カンパーニュ
パテ・ド・カンパーニュ＊
ヤングコーン
カリフラワー
人参
赤玉ねぎ
ピクルス
サニーレタス
ソース・ムースリーヌ＊

作り方
1 パン・ド・カンパーニュは、下から5cm程のところで横に切る。下の部分の中身をくりぬく。
2 ヤングコーンとカリフラワー、人参は、適宜カットし、茹でる。赤玉ネギは薄くスライスする。
3 パンをくり抜いた部分に、パテ・ド・カンパーニュ、ヤングコーン、カリフラワー、人参、赤玉ネギ、ピクルス、サニーレタスを飾り入れる。ソースをかける。

＊パテ・ド・カンパーニュ
材料（作りやすい量）
豚肩肉…1200g
豚首肉…600g
豚バラ肉…600g
豚の背脂…150g
鶏白レバー…200g
（肩肉6に対し、首肉3、バラ肉3、鶏白レバー1の割合）
ポルト酒…30ml
コニャック…20ml
ローリエ…1枚
塩…15g

作り方
1 豚肉とレバーに、ポルト酒、コニャックをまぶし、ローリエとともにひと晩寝かせておく。
2 肩肉は1/3をデ（小角）に切り、残りをミンチ機にかける。首肉、豚バラ肉は、包丁で粗く叩く。
3 鶏白レバーは焼いて、フードプロセッサーにかける。
4 ②と③を合わせ、テリーヌ型に入れる。湯煎にかけながら、95℃のオーブンで65分加熱する。低温で火入れし、仕上げる。
5 型の上に重石をし、粗熱を取り除く。冷蔵する。

＊ソース・ムースリーヌ
材料（作りやすい量）
クレーム・フェッテ…100g
マヨネーズ…300g
粒マスタード…15g
塩…少々
胡椒…少々

作り方
1 生クリームを泡立てたクレーム・フェッテに、マヨネーズ、粒マスタード少々を加え、塩、胡椒で味を調える。

バゲット、パン・ド・カンパーニュを使ったパン料理

ベーコン、クルトン、ポーチドエッグ、グリーンサラダの組み合わせのリヨン風サラダをパン料理にしました。バゲットを、カットした茹で卵と同じくらいの大きさに切ってカリカリに焼き、皿の上での存在感を高めました。パンと野菜、パンチェッタを一緒に食べれば、サンドイッチを食べているような味わいにもなります。茹でたジャガイモ、人参も加えて、ボリュームも出し、シェアして楽しめるパン料理にしました。

サラダリヨネーズ

サラダリヨネーズ

パン
バゲット

サラダリヨネーズ

材料
パンチェッタ…50g
茹で卵（半熟）…1個
ジャガイモ…1個
人参…1/4本
サニーレタス…1枚
グリーンカール…1枚
水菜…適量
トレビス…1枚
パルメザンチーズ…適量
アンチョビ（フィレ）…2本
バゲット…適量
バター（無塩）…適量
ヴィネグレットソース…適量
塩…適量
胡椒…適量

作り方
1 パンチェッタは拍子切りにしてフライパンでカリカリに炒める。
2 ジャガイモ、人参は皮をむいて茹でて、食べやすい大きさに切る。
3 茹で卵は4つに切る。
4 バゲットはジャガイモと同じくらいに切り、フライパンにバターを熱し、弱火でカリカリになるまで炒める。
5 野菜は食べやすい大きさに切る。
6 ボウルに野菜、パンチェッタ、茹で卵を入れ、アンチョビ（みじん切り）とヴィネグレットソース、塩、胡椒で味を調える。
7 皿に盛り付けて、パルメザンチーズをかける。

バゲット、パン・ド・カンパーニュを使ったパン料理

グラタン・ド・ポム・ド・テールのバゲットサンド
グラン・ヴヌール

作り方は72ページ ▶

香り高い鴨の骨と肉汁で作るソースを余すことなく受け止めるために、ジャガイモも合わせました。パンは、バゲット（ライ麦入り）。ジャガイモは、フレンチの代表的な料理「グラタン・ド・ギア」にしました。鴨ムネ肉のソテーにはグランヴヌール（鴨肉を骨ごと焼いて赤ワインで煮込んだもの）というソースを。グロゼイユ（黒スグリのジャム）を加えて作りました。グラタン・ド・ギアは、ジャガイモを茹でて、生クリームを加えてひと煮立ちさせてからチーズをかけて焼いたもの。ブラックペッパーとゲランドの塩をかけ、アクセントにしています。

バゲット、パン・ド・カンパーニュを使ったパン料理

かぶりつくと、パンそのものがカツのようなザクザクした歯ざわりで楽しめます。ライ麦のカンパーニュに、ブリオッシュを焼いたものを貼り付けて、この食感を出しました。パンをカツの衣に見立てましたが、焼いた不利おっ主はけっして油っぽくはありません。トンカツに使うパン粉もブリオッシュを細かくしたものです。このパン粉を使った揚げ焼き料理を「シャプリ」と言うのです。パンもフライもフレンチ風ですが、中濃ソースに辛子を混ぜた辛子ソースがきいて、「洋食」の味わいに仕上がりました。

バゲット、パン・ド・カンパーニュを使ったパン料理

シャプリュールのカツサンド

作り方は73ページ ▶

グラタン・ド・ポム・ド・テールのバゲットサンドグラン・ヴヌール 68ページ

おすすめは、フルボディの赤ワインと

パン
バゲット（ライ麦入り）

組み立て
バゲット
グラン・ヴヌール＊
鴨ムネ肉のソテー
グラタン・ド・ギア＊

作り方
1 バゲットは、横半分にカットする。
2 鴨ムネ肉は、塩、胡椒をかけ、ソテーする。
3 チーズをかけて焼いたジャガイモのクリーム煮をのせる。
4 ブラックペッパーとゲランドの塩をかける。
5 グラン・ヴヌールをかけて、パンではさむ。

＊グラタン・ド・ギア

材料（作りやすい量）
ジャガイモ…200g
生クリーム…200㎖
パルメザンチーズ…大さじ1
ニンニク…少々
ナツメグ…少々
塩…適量

作り方
1 ジャガイモは、皮をむいて、生クリーム、ニンニク、ナツメグとともに煮込む。塩で調味し、ジャガイモに火が通ったら火を止め、ジャガイモを取り出す。残りのソースは煮詰めて、ジャガイモにかける。
2 チーズをかけ、オーブンで焼き上げる。

＊グラン・ヴヌール

材料（作りやすい量）
鴨ガラ…1㎏
ミルポワ
　（玉ネギ40g、人参40g、セロリ15g、
　ニンニク2片）
赤ワイン…60㎖
赤ワインビネガー…70㎖
鴨のフォンもしくはフォン・ド・ヴォー…600㎖
グロゼイユ（黒スグリのジャム）…30g
フォワグラペースト…大さじ1
レバーペースト…大さじ1
塩…適宜
胡椒…適宜
バター…20g

作り方
1 鴨ガラ、ミルポワを炒める。
2 赤ワイン、赤ワインビネガー、鴨のフォンを加え、300㎖まで煮詰める。
3 グロゼイユ、フォワグラ、レバーを加え、塩、胡椒、バターを加える。

シャプリュールのカツサンド 70ページ

パン
パン・ド・カンパーニュ
ブリオッシュ

組み立て
パン・ド・カンパーニュ
ブリオッシュ
トンカツ
キャベツ
辛子中濃ソース

作り方
1. ブリオッシュを小さく四角に切り、卵液をまぶして、パン・ド・カンパーニュの上に貼りつけ、オーブンで焼く。
2. パン・ド・カンパーニュを、横半分にカットする。
3. トンカツを作る。豚ロース肉に、塩、胡椒をふり、ブリオッシュを細かくしたパン粉を薄くまぶす。180℃で約4分揚げる。
4. キャベツのせん切りとともに、パン・ド・カンパーニュに挟み込み、中濃ソースに辛子を混ぜた辛子中濃ソースをかける。

バゲット、パン・ド・カンパーニュを使ったパン料理

ブッフブルギニョンバーガー
赤ワインソース

作り方は78ページ ▶

バゲット、パン・ド・カンパーニュを使ったパン料理

フレンチの代表的なソースを使用しました。パンはバゲット生地を使用し、キャセロールの中に入れて焼いたもの。上から1/3のところで横にカットし、中をくり抜き、中にブッフ ブルギニョン（牛肉の赤ワイン煮）を詰めました。パンを器にすると、たっぷりのブッフ ブルギニョンを合わせられるので、きっと、パンだけお替りしたくなるでしょう。パンと一緒に食べるブッフ ブルギニョンなので、少し濃度を高め、味付けもほんの少し濃くするのが、このパン料理のポイントです。

ポンムスフレのバゲットサンド

作り方は79ページ ▶

バゲット、パン・ド・カンパーニュを使ったパン料理

ジャガイモを使った定番のバゲットサンドをアレンジしました。ジャガイモは、ふくらんだポム・スフレにすることで、見た目の面白さと食感を工夫しました。また、ジャガイモのピューレにはロックフォールチーズを混ぜ、バゲットとの相性を高めました。ロックフォールチーズに十分な塩気があるので、ジャガイモは必要以上調味はしないのがポイントです。ポテトチップも、ジャガイモをスライスして塩、胡椒で下味をつけて高温で揚げて作ってみてください。手作りのはまた格別です。鶏ムネ肉は低温でロティし、パサパサにならないようにするのもコツです。

ブッフブルギニョンバーガー 赤ワインソース 74ページ

おすすめは、しっかりした赤ワインと

パン
バゲット生地を使用し、キャセロールの中に入れて焼いたもの。

組み立て
バゲット
人参やズッキーニのソテー
ベーコン
ブッフ ブルギニョン（牛肉の赤ワイン煮）＊

作り方
1 キャセロールを型にして焼いたパンは、キャセロールからはみ出した部分をカットする。

2 キャセロールの中の生地をくり貫く。

3 下に牛肉の赤ワイン煮を入れて、カットした①のパンはフタに利用する。

4 人参のグラッセや、ズッキーニやミニ大根を炒めたもの、焼いたベーコンを飾る。

＊ブッフ ブルギニョン

材料（作りやすい量）
牛肩肉…1kg
赤ワイン…300㎖
人参…1本
セロリ…1本
玉ネギ…1個
フォン・ド・ヴォー…1ℓ
トマト（熟したもの）…1個
ベーコン…100g
ニンニク…1/4ヶ
ローリエ…1枚
タイム…適量
クローブ…1粒
オリーブオイル…適量
小麦粉…適量
塩…適量
黒胡椒…5粒

作り方

1 人参、セロリ、玉ネギを適度にカットする。牛肩肉、ニンニク、ローリエ、タイム、クローブとともに、ひたひたの赤ワインを加え、一晩マリネする。

2 牛肩肉と野菜を取り出し、別々にオリーブオイルで炒める。肉は小麦粉をまぶして炒める。野菜を炒める際には、途中でトマト（角切り）を加える。

3 炒めた牛肩肉と野菜類を鍋で合わせ、残ったマリネ液を加えて煮詰める。煮詰まったらフォン・ド・ヴォーを加えて煮る。肉を引き上げ、残りのソースを漉す。

4 ソースを、塩・胡椒で調味して牛肩肉と合わせる。

ポンムスフレのバゲットサンド 76ページ

good pairing おすすめは、爽やかな白ワインと

パン
バゲット

組み立て
バゲット
ジャガイモのピューレ＊
ポンム・スフレ＊
鶏肉のロティ＊
サニーレタス
ポテトチップ＊

作り方

1 バゲットに横に切り目を入れ、サニーレタス、鶏肉のロティ、ジャガイモのピューレをはさむ。

2 ポム・スフレと網状ポテトチップを刺し込む。

＊ジャガイモのピューレ
材料
ジャガイモ
ロックフォールチーズ（ジャガイモ10に対し4の割合）
塩…適量
胡椒…適量

作り方

1 ジャガイモを茹で、皮をむく。

2 潰して粗熱がとれたら、ロックフォールチーズを混ぜ込む。塩・胡椒で味を調える。

＊ポンム・スフレ
材料
ジャガイモ…適量
サラダ油…適量
塩…適量

作り方

1 ジャガイモを薄くスライスし、低温で揚げる。

2 すぐに今度は高温で揚げて、ふくらませる。軽く塩をふる。

＊鶏肉のロティ
材料
鶏ムネ肉…1枚
塩…適量（鶏ムネ肉の重量の1％）
胡椒…少々
サラダ油…適量

作り方

1 鶏ムネ肉を食べやすい大きさにカットする。塩、胡椒で下味をつける。

2 フライパンに入れ、弱火で焼き色が付くまで焼き、そぎ切りする。

＊ポテトチップ
材料
ジャガイモ…1個
塩…適量
サラダ油…適量

作り方

1 ジャガイモをワッフルスライサーで網状にスライスし、塩、胡椒で下味をつける。

2 高温で揚げる。

バゲット、パン・ド・カンパーニュを使ったパン料理

ベルギー料理で有名なムール貝の白ワイン蒸し。一見、パン料理に思えないかもしれませんが、食べてもらうと、パンが主役でもある料理だと納得してもらえるでしょう。添えるバゲットは、ガーリックオイルをぬってトーストし、パセリをかけました。このバゲットに白ワイン蒸しの蒸し汁を浸して食べると、もう止まりません。もちろん、ワインもすすみます。

ムール貝の白ワイン蒸し

ムール貝の白ワイン蒸し

パン
バゲット

組み立て
ムール貝の白ワイン蒸し＊
バゲット（ガーリックトースト）＊

＊ムール貝の白ワイン蒸し
材料（作りやすい量）
ムール貝（殻付き）…2kg
玉ネギ（スライス）…200g
ニンニク（みじん切り）…2片分
白ワイン…150g
オリーブオイル…適量

作り方
1 ムール貝は飛び出ているヒゲを抜いて洗う。洗ったら水気を切る。
2 鍋に油を熱してニンニクを炒め、香りが出たら玉ネギを加えて軽く炒める。
3 ムール貝を入れ、白ワインを入れてフタをして蒸し煮する。
4 ムール貝が開いたら取り出す。蒸し汁は漉す。
5 器に蒸し汁とムール貝を盛り付ける。

＊ガーリックトースト
材料（作りやすい量）
バゲット…適量
バター（無塩）…200g
ニンニク（みじん切り）…10g
パセリ（みじん切り）…適量

作り方
1 ガーリックバターを作る。バターを溶かし、ニンニクを加えて加熱する。
2 ニンニクがあめ色になるまで火にかける。
3 ニンニクがあめ色になったら、バゲットにぬり、トーストする。
4 パンにパセリを振る。

バゲット、パン・ド・カンパーニュを使ったパン料理

パンのサイズより大きな鶏モモ肉のコンフィをど〜んとのせました。サンドイッチとしては食べにくいかもしれませんが、ワインと楽しむパン料理では、パンで具材が隠れてしまう盛り付けより、具材が目に飛び込んでくるように盛り付けるほうが楽しさが広がります。鶏モモ肉のコンフィを1本のせるので、パンにもコンフィにも粒マスタードをたっぷりぬってバランスが良くなります。バゲットは、コンフィとの相性を考えて、ライ麦入りのを使いました。

鶏モモ肉のコンフィのサンドイッチ

鶏モモ肉のコンフィのサンドイッチ

パン
バゲット（ライ麦入り）

フィリング
バゲット（ライ麦入り）
鶏モモ肉のコンフィ＊
粒マスタード
レタス

作り方

1 バゲットを半分に切り、さらに横半分に切る。

2 下のパンの切り口に粒マスタードをぬる。鶏モモ肉のコンフィの皮目だけフライパンで焼いて粒マスタードをぬった上にのせる。

3 鶏モモ肉のコンフィに粒マスタードをぬり、レタスをのせてバゲットではさむ。

＊鶏モモ肉のコンフィ

材料（作りやすい量）
鶏モモ肉…4本
塩…鶏モモ肉の重量の1.5％の量
ガチョウの脂…500〜600g
ニンニク…1株
タイム…5〜6枝

作り方

1 鶏モモ肉は、モモ肉の重量の1.5％の分量の塩で4時間ほどマリネする。

2 マリネした鶏モモ肉とガチョウの脂とニンニク、タイムと合わせ、65〜70℃で7〜8時間加熱する。

バゲット、パン・ド・カンパーニュを使ったパン料理

ブイヤベース

ブイヤベースは、スープが主役ですが、ルイユをぬったパンをスープに浸して食べるのが醍醐味でもあります。パンと食べやすいよう、鍋ではなく、深皿に盛り付けました。パンとブイヤベースの相性はバツグンなので、P120にはサフラン入りのパンではさんだサンドイッチスタイルでも紹介しています。

ブイヤベース

パン
バゲット

組み立て
バゲット
ブイヤベース＊
ルイユ＊

作り方
1 バゲットにルイユをぬり、パプリカパウダーをふる。
2 ブイヤベースとともに提供する。

＊ブイヤベース
材料（作りやすい量）
魚のアラ…4kg
玉ネギ（スライス）…2個分
セロリ（スライス）…1本分
ニンニク（スライス）…1株分
トマト…3個
白ワイン…100㎖
ペルノー…100㎖
タイム…5枝
ローリエ…2枚
サフランパウダー…適量
スズキ（切り身）…70g
ムール貝…6個
有頭エビ…1尾
サラダ油…適量
塩…適量
胡椒…適量
ディル…適量

作り方
1 鍋に油を熱し、ニンニク、玉ネギ、セロリを炒める。
2 続いて魚のアラを炒める。アラを崩しながらじっくり炒め、アラから出る水分が少なくなるまで炒める。
3 アラから出た水分が蒸発して少なくなったら白ワイン、ペルノーを加えて煮詰める。
4 煮詰まったらトマトの角切りを加え、ひたひたになるくらいの水（分量外）を加え、タイム、ローリエ、サフランパウダーを合わせて40〜50分煮る。
5 煮たら漉して、塩、胡椒で味を調えてスープはできあがり。
6 スズキ、エビは塩、胡椒してサラダ油でソテーする。
7 ムール貝は掃除をしてから、白ワイン（適量）で蒸し煮する。
8 温めたスープと6と7を合わせ、ディルを飾る。

＊ルイユ
材料（作りやすい量）
卵黄…1個
ジャガイモ…50g
塩…適量
胡椒…適量
ニンニク（みじん切り）…10g
オリーブオイル…90g
サフランパウダー…適量

作り方
1 ジャガイモは茹でて、熱いうちに皮をむいて裏漉しする。
2 卵黄、裏漉ししたジャガイモ、ニンニクをよく混ぜる。
3 オリーブオイルを少しずつ加えて混ぜ、乳化させる。
4 全体がつながったら、サフランパウダーを加え、塩、胡椒で調える。（ルイユをパンにぬってパプリカパウダーを振って提供する）

バゲット、パン・ド・カンパーニュを使ったパン料理

COLONNE 2

パン料理によく合うソースについて。

クラッシックなソースを活用

本書では、基本的なフレンチでのクラッシックソースも多く使ってフレンチバルのメニューとしてのパン料理を紹介しています。フレンチの料理として聞いたことのあるソースで、サンドイッチやハンバーガーをはじめパン料理を作ると、提供したときにインパクトが出せると思います。

ソースの濃度、塩分、粘度が重要

サンドイッチやハンバーガーをはじめ、パン料理と合わせるソースは、通常の料理と同じレシピではなく、少しアレンジするのがコツです。パンと組み合わせるため、普通に料理として提供する時と同じ味わいではソースの味を感じにくいのです。パンと一緒に味わってもソースの印象を残すためには、濃くしたり、詰めたりといった方法が必要です。塩分も通常より多めに加えます。その一方で、素材の味を損なわないように、バランスを考えることも必要です。

また、細かなことを言えば、ソースと具材とパンの合わせ方で味わいの印象が違ってきます。ソースがパンにしみるような盛り付け方と、ソースがパンにしみない盛り付け方では味の感じ方が変わります。パン料理では、盛り付けまで考えて、味のバランスを計算することが大切になります。

クロワッサンを使った
パン料理

▶麺と、フォワグラと、ポテトと…

▶はさむ、い込む、のせる…

▶ウスターソースで、クリームソースで、
　ソース・ペリグーで…

クロワッサンとジャガイモのグラタン

パンをグラタンの具材の一つにしたパングラタンです。ボリュームが増すのと、パンとグラタンを別々に食べるときとは違ったパンの味わいを楽しめます。食パンで作られることが多いでしょうが、今回はクロワッサンでパングラタンにしました。こんがり焼けたクロワッサンの生地は砕けてグラタンのトッピングにもなり、食べすすむ楽しみにもなります。

クロワッサンとジャガイモのグラタン

パン
クロワッサン

クロワッサンとジャガイモのグラタン

材料（作りやすい量）
ジャガイモ…200g
クロワッサン…200g
ニンニク(みじん切り)…2g
生クリーム…100g
牛乳…200g
塩…3g
グリエールチーズ…適量

作り方
1 ジャガイモは皮をむいて、少し小さめの乱切りにする。
2 クロワッサンは乱切りにする。
3 ジャガイモ、生クリーム、牛乳、塩、ニンニクを混ぜ合わせ、グラタン皿に入れる。
4 上にグリエールチーブを振り、クロワッサンをのせて180℃のオーブンで13分ほど焼く。

ブリオッシュやクロワッサンなどのリッチなパンとフォワグラは相性がいいです。そこでクロワッサンにフォワグラのテリーヌをはさんだ、贅沢なサンドにしました。ソースも、トリュフとマデラ酒とポルト酒、フォン・ド・ヴォーで作る贅沢なソース・ペリグー。ソース・ペリグーをフォワグラのテリーヌに塗るのですが、このソースにはゼラチンを加え、テリーヌ・フォワグラの上から3回くらいに重ねて塗り、冷やし固めました。ソースがテリーヌにはりついているので味わいが均一になるのがアイデア。さらにトリュフを散らして、香りのデコレーションもしました。

トリュフとフォワグラのクロワッサンサンド ソース・ペリグー

トリュフとフォワグラのクロワッサンサンド ソース・ペリグー

パン
クロワッサン

組み立て
クロワッサン
テリーヌ・フォワグラ＊
ソース・ペリグー＊
トリュフ
レタス
ピクルス

作り方
1 クロワッサンは、横半分にカットする。
2 ソース・ペリグー（ゼラチン入り）を、薄切りしたテリーヌ・フォワグラの上から3回くらいに重ねて塗り、冷やし固める。
3 ②の上にトリュフを散らし、レタスとともにクロワッサンにはさむ。
4 ピクルスをテリーヌ・フォワグラに飾る。

＊テリーヌ・フォワグラ
材料（作りやすい量）
フォワグラ…1kg
塩…13g
砂糖…4g
胡椒…2g
マデラ酒…少々
ポルト酒（赤）…少々

作り方
1 フォワグラを適度にカットし、塩、砂糖、胡椒をかける。マデラ酒、ポルト酒を合わせ、ひと晩マリネする。
2 テリーヌ型に①を詰め、90℃のオーブンで湯煎しながら約45分火入れする。
3 粗熱を取り除き、冷蔵庫で冷やす。

＊ソース・ペリグー
材料（作りやすい量）
トリュフ…適量
ポルト酒…30g
マデラ酒…30g
赤ワイン…30g
フォン・ド・ヴォー…200g
バター…大さじ1
塩…小さじ1
胡椒…少々
板ゼラチン…2g

作り方
1 ポルト酒、マデラ酒、赤ワイン、フォン・ド・ヴォーを合わせ、半分くらいまで煮詰める。煮ている途中にトリュフを加える。
2 バターを加え、塩、胡椒で味を調える。水でふやかしておいたゼラチンを加えて溶かし合わせる。

クロワッサンを使った料理

焼きそばクロワッサン

「今まで見たことがないような焼きそばパンで、なおかつ、皿の上で存在感がある焼きそばパンを」と、このスタイルにしました。焼きそばは、ずばり、中華麺での焼きそばです。焼きそばの麺とピーマン、キャベツ、玉ネギを炒めて、味付けは焼きそばソース。芥子マヨネーズに桜エビ、青海苔もトッピングしました。パンは、デニッシュです。デニッシュ生地を筒状の型に入れて焼きました。中は空洞で、中にも焼きそばは詰まっています。ドッグパンで作ることが多い焼そばパンですが、焼きそばに甘みがあるので、デニッシュにもよく合います。

焼きそばクロワッサン

good pairing
おすすめは、シャンパンと

パン
デニッシュ生地を筒状の型に入れて焼いたもの
（パンのレシピは142ページ）

組み立て
デニッシュ
焼きそば麺
ピーマン
キャベツ
玉ネギ
焼きそばソース
芥子マヨネーズ
桜エビ
青海苔

作り方
1 野菜類をカットし、焼きそば用の麺とともに炒める。焼きそばソースで味付けする。
2 筒状に焼成したパンの中に穴をあけ、その空洞の場所に焼きそばを詰め込む。芥子マヨネーズをかけ、桜エビをのせる。青海苔をふる。

クロワッサンを使った料理

COLONNE
3

ワイン、シャンパンに合うパン料理でのチーズ、ハーブの使い方。

メイン食材との相性を考え、厳選したハーブを使用する

ワイン、シャンパンに合うパン料理づくりでは、ハーブを上手に使うこともポイントになります。ハーブを使うなら、何種類も入れると分かりにくくなるので、1〜2種類ほどに絞った方が特徴が打ち出しやすくなります。また、特徴の強すぎるハーブも、味のバランスを損なってしまうため、使いにくいものです。メインとなる食材に合わせ、種類を絞って使いましょう。肉に合うハーブでは、ローズマリー、パセリ、タイム。魚貝類には、ローズマリー、パセリ、ディル、セルフィーユなど。エビには、バジルやセロリ、セルフィーユ。また、オリーブオイルとローズマリーは特に相性がよい組み合わせです。今回紹介した中でも、オリーブオイルにローズマリーの香りを移し、ソース風に使用しています。(P115)

チーズは用途に応じて

チーズは、ワインやスパークリングワインと相性がバツグンです。ただ、淡泊な魚介類やエビなどに、あまり主張しすぎるチーズを組み合わせると、繊細な味が消えてしまいます。そのため、パン料理にチーズを使うときも、主張の弱い、味のやわらかなチーズを使うことが多くなります。フランスでは、サンドイッチに青かび系のロックフォールチーズなどもよく使われます。クセがあって日本人には苦手な人も多いので、今回は使用しませんでしたが、そういった主張の強いチーズを使う場合、ハムと組み合わせたり具材を絞り、シンプルに仕上げた方がよいでしょう。また、チーズは、食べるときの状態によっても感じ方が変わってきます。例えば、生のまま合わせるのか、加熱して温かい状態でかけるのか、カリカリに焼くかで、全く印象が違ってくるのです。

バンズ、マフィンを使った
パン料理

▶ベニエと、コンフィと、パイアッソンと…

▶タルタルソースと、ラタトゥイユソースと…

▶茹で卵と、白身魚と、骨付きリブと…

白身魚は衣にベーキングパウダーを加えてふんわりさせるベニエにしてバーガーにしました。魚介類によく合う、ゴマを加えたパンを合わせ、同じく魚によく合うワカメ、赤トカサなどの海草を、トッピングに選びました。軽い揚げ物のベニエは、カマルグの塩で味付けして、アボカドのコクのあるタルタルソースをかけます。さっぱりした味わいにするアクセントとして、レモンのコンフィをトッピングすることと、紅生姜をタルタルソースに加えました。甘く、酸味のあるレモンと紅生姜が後味を良くしてくれます。

ベニエバーガー

ベニエバーガー

おすすめは、爽やかな白ワインと

パン
ゴマバンズ

組み立て
ゴマバンズ
タイのベニエ＊
アボカド
紅生姜
海藻類（ワカメ、赤トサカ、白トサカ）
レモンのコンフィ＊

作り方
1 アボカドを細かく叩き、タルタルを作る。紅生姜を刻み、混ぜ込む。
2 バンズの上に、海藻類、アボカドのタルタル、タイのベニエ、レモンのコンフィをのせ、バンズをのせる。

＊タイのベニエ
材料
タイ（もしくは白身魚）…40g
揚げ油…適量
カマルグの塩…1つまみ
カレー粉…1つまみ
衣…適宜
衣
　薄力粉…130g
　溶かしバター…20g
　卵…1個
　ベーキングパウダー…2g
　塩…少々
　胡椒…少々

作り方
1 衣の材料を合わせる。
2 タイに衣を軽くつけ、170〜180℃で3分ほど揚げる。
3 揚げたてをカマルグの塩、カレー粉で味付けする。

＊レモンのコンフィ
材料（作りやすい量）
レモン…100g
砂糖…200g
水…1ℓ

作り方
1 レモンを皮ごと輪切りにし、鍋に入れて水を張り、3回煮こぼす。
2 水、砂糖を加え、1時間ほど弱火でコトコト煮込む。

ポークコンフィのリヨン風バーガー

小玉ネギとジャガイモをグラニュー糖でキャラメリゼしたリヨネーゼと豚肉のコンフィでバーガーにしました。肉汁が旨い豚バラ肉を、大きな固まりで使用。コンフィしたのち断面を焼くことで、カリッと仕上げて食感もおいしくしました。パンは、豚バラ肉によく合うブリオッシュの生地のもの。さらにミニョレットをふりかけて、豚バラ肉に負けないパンチ力をプラスしました。そして、アクセントに生姜のコンフィを豚肉のコンフィの上に。生姜のせん切りをシロップで弱火でコトコト煮込んだコンフィが、後味をさっぱりとさせてくれます。

ポークコンフィのリヨン風バーガー

おすすめは、ロゼワインと

パン
ブリオッシュ

組み立て
ブリオッシュ
豚肉のコンフィ＊
小玉ネギのリヨネーゼ＊
ジャガイモのリヨネーゼ＊
トレビス
レタス
生姜のコンフィ＊

作り方
1 バンズを横半分にカットする。
2 トレビス、レタスを、バンズの大きさに合わせたセルクルで、丸く抜く。
3 バンズに小玉ネギのリヨネーゼ、ジャガイモのリヨネーゼ、トレビス、レタス、豚肉のコンフィ、生姜のコンフィを順に重ねてはさむ。

＊豚肉のコンフィ
材料（作りやすい量）
豚バラ肉…1kg
塩…15g（豚肉の重量の1.5％）
サラダ油…適量

作り方
1 豚バラ肉を塩でマリネし、丸一日寝かせておく。
2 65℃の油で5時間火入れする。
3 パンに挟む前にカットし、断面をフライパンでカリッと焼く。

＊小玉ネギとジャガイモのリヨネーゼ
材料
玉ネギ…適宜
ジャガイモ…適宜
グラニュー糖…適宜
バター…適宜

作り方
1 小玉ネギと同じくらいの大きさにジャガイモをまん丸の形にくり抜く。
2 さっと茹で、バターとグラニュー糖でキャラメリゼしながら火を通す。
3 小玉ネギをバターとグラニュー糖でキャラメリゼしながら火を通す。

＊生姜のコンフィ
材料（作りやすい量）
生姜…100g
砂糖…200g
水…1ℓ

作り方
1 生姜をせん切りにしたのち、鍋に入れて水を張り、3回煮こぼす。
2 砂糖と水でシロップを作り、①の生姜を入れ、1時間ほど弱火でコトコト煮込む。

バンズ、マフィンを使ったパン料理

ダッチパンで骨付きリブとパイアッソンを豪快にはさんで、たっぷりのBBQソースで。パイアッソンは、玉ネギ、ベーコンをみじん切りにして炒め、ジャガイモと合わせて丸く成形し、焼いたフランスの家庭料理。骨付きリブは、食べにくそうですが、蒸してタレに漬けて提供前に焼いたものなので、すーっと骨が抜けます。骨を抜いてから、かぶりついてください。ソースで手が汚れますが、たっぷりのソースと肉汁の証拠。手が汚れるバーガーほどおいしいものなのです。BBQソースは、フレンチらしくフォン・ド・ヴォーをベースに深みのある味わいに仕上げたものです。

パイアッソンのBBQリブバーガー

パイアッソンのBBQリブバーガー

パン
ダッチパン

組み立て
ダッチパン
骨付きリブ＊
パイアッソン＊
レタス
BBQソース＊

作り方
1 ダッチパンを横半分にカットし、レタス、焼いた骨付きリブ、パイアッソンをはさむ。

＊骨付きリブ
材料
骨付きリブ…1本(アバラ骨2本間隔でカット)
BBQソース(下記に)…40g

作り方
1 骨付きリブを、BBQソースで24時間マリネしておく。
2 ①を、1時間半〜2時間、やわらかくなるまで蒸す。
3 再度BBQソースに漬ける。使用するまで、1日程度は漬け込んだままでよい。提供前にフライパンで焼く。

＊BBQソース
材料(作りやすい量)
ケチャップ…30㎖
ウスターソース…30㎖
すりおろし玉ネギ…1/2個分
すりおろしリンゴ…1/4個分
フォン・ド・ヴォー…300㎖
ハチミツ…スプーン1
マスタード…スプーン1
赤ワインビネガー…スプーン1
ローリエ…1枚
タイム…少々
黒胡椒…少々

作り方
1 すべてを混ぜ合わせる

＊パイアッソン
材料(作りやすい量)
ジャガイモ…大1個
玉ネギ…20g
ベーコン…20g

作り方
1 ジャガイモは、皮をむき細切りにする。
2 玉ネギ、ベーコンはみじん切りにして炒める。
3 ①のジャガイモ、②の玉ネギとベーコンを合わせ、パンのサイズに合わせたサイズのセルクルに入れて丸く成形する。
4 ③を両面焼く。

ミモザバーガー オランデーズソース

マフィンでミモザサラダと、カリカリベーコンはさみました。マフィンのもっちりした食感とカリカリベーコンが食べたときにハーモニーとなります。シンプルなフィリングですが、華やかに散らして飾るようにしました。フライパンにオランデーズソースをひいて、マフィンの下半分をのせて焼いたのもポイントです。卵黄、バターで作るコクのあるオランデーズソースが香ばしくパンにからみ、味わいをグンと高めてくれます。

ミモザバーガー オランデーズソース

good pairing
おすすめは、シャンパンと

パン
マフィン

組み立て
マフィン
ミモザサラダ＊
オランデーズソース＊
ベーコン

作り方
1 マフィンを横半分にカットする。
2 フライパンにオランデーズソースをひく。マフィンの下半分の切り口を焼く。
3 ベーコンは細かく刻み、カリカリに焼く。
4 ②のマフィンの上にミモザサラダと③を散らす。

＊ミモザサラダ
材料
卵…1個
塩…少々
胡椒…少々

作り方
1 茹で卵を作る。
2 茹で卵を細かく刻んで、塩、胡椒で味を調える。

＊オランデーズソース
材料(作りやすい量)
卵黄…1個分
バター（無塩）…100g
水…50㎖
レモン果汁…少々
塩…少々
カイエンペッパー…少々

作り方
1 卵黄をほぐし、水、レモン果汁を加えて混ぜる。
2 ①を湯煎しながら撹拌しつつ、溶かしたバターをゆっくりと加える。
3 塩、カイエンペッパーで味付けする。

バンズ、マフィンを使ったパン料理

仔羊バーガー ラタトゥイユソース

仔羊肉のパテに、ラタトゥイユを組み合わせて南仏風ハンバーガーに。バーガー用のバンズは、ケシの実をふって焼き上げたもの。ラタトゥイユは、人参、ズッキーニ、パプリカ、玉ネギ、ナス、トマトを炒め煮したものです。たっぷりのラタトゥイユを合わせるので、仔羊の肉のクセはほとんど気になりません。かぶりついたとき、ラタトゥイユがはみ出しますが、それを受け止めるように、大きめにちぎったレタスを一緒にはさんでいます。パンに合うように、ラタトゥイユにはオリーブオイルをかけてはさむのと、ソースの役割なので、ラタトゥイユは少し濃度を高め、味付けも濃い目にするのがコツです。

バンズ、マフィンを使ったパン料理

仔羊バーガー ラタトゥイユソース

パン
バーガー用のバンズ（ケシの実をふって焼き上げたもの）

組み立て
バンズパン
仔羊肉のパテ＊
ラタトゥイユ＊
レタス

作り方
1 下にするパンにレタス、パテ、ラタトゥイユを重ねのせる。
2 ラタトゥイユの上にオリーブオイルをかけて、パンではさむ。

＊仔羊のパテ
材料
仔羊肩ロース肉…100g
塩…1.2g（仔羊肉の1.2％）
胡椒…少々
タイム…少々
サラダ油…適量

作り方
1 仔羊の肩ロース肉をミンチにし、塩、胡椒、タイムを混ぜて平たく成形し、パテを作る。
2 ①をフライパンで焼き上げる。

＊ラタトゥイユ
材料（作りやすい量）
人参…60g
ズッキーニ…60g
パプリカ…60g
玉ネギ…120g
ナス…60g
トマト…60g
ニンニク…40g
塩…大さじ1
胡椒…少々
オリーブオイル…適宜

作り方
1 ニンニクはみじん切りにし、トマト以外のその他の野菜を、やや大きめにカットする。
2 オリーブオイルでニンニクを炒める。香りが出たら、トマト以外の野菜を順に加えて軽く炒める。
3 トマトを潰し、②に加える。塩、胡椒で調味し、弱火で20分ほど煮込む。

ドッグパン、フォカッチャ etc.を使った パン料理

▶タプナードと、バーニャカウダと…

▶ケッパー風味、サフラン風味、ローズマリー風味…

▶ポーチドエッグと、ブイヤベースと、燻製と…

ホットドッグ 猟師風ソース

ドッグパンに、燻製をかけた骨付きソーセージをはさみました。おいしさのポイントは、シャスールというソースです。燻製をかけることで、このソースとの相性が倍増しています。猟師風ソースとも呼ばれるこのソースは、フォン・ド・ヴォーに、ケッパー、トマト、ピクルス、ハムを加えた、肉によく合うソースで、ハンバーグにも豚肉のソテーにも合います。ホットドッグでは、ソーセージにからまる濃度に仕上げるのも、コツです。

ホットドッグ 猟師風ソース

パン
ドッグパン

組み立て
ドッグパン
骨付きソーセージ
ベビーリーフ
パセリ
ソース・シャスール＊

作り方
1 ドッグパンは、縦半分に切り目を入れ、焼く。
2 骨付きソーセージは、焼いた後、真ん中からカットする。
3 ドッグパンに、ベビーリーフ、骨付きソーセージをのせ、ソース・シャスールをかける。刻んだパセリを散らす。

＊ソース・シャスール（猟師風ソース）
材料(作りやすい量)
マッシュルーム…60g
玉ネギ…30g
白ワイン…300ml
フォン・ド・ヴォー…150ml
トマト…1個
ハム…30g
ピクルス…20g
ケッパー…大さじ1
バター…大さじ1

作り方
1 玉ネギ、マッシュルームを刻み、バター（分量外）で炒める。白ワインを加えて煮詰め、フォン・ド・ヴォーを合わせる。
2 小角に切ったトマト、ハム、ピクルス、ケッパーを加え、最後にバター（大さじ1）を合わせる。

ドッグパン、フォカッチャetc.を使った料理

タルタルとポーチドエッグのチャパタサンド

チャパタで、牛フィレのタルタルをはさみました。チャパタの生地はゴーフルの型ではさんで薄く焼いています。また、タルタルには、フレンチ風に卵黄を加えず、その代わりポーチドエッグを組み合わせました。カットすると、半熟の黄身がソース状にとろり。また、定番の赤ワインソースは混ぜ込まずにかけることで、色みよく仕上げました。まわりがカリッと、中はもちもちししたチャパタの食感に、たっぷりソースがかかったタルタルがよく合います。

タルタルとポーチドエッグのチャパタサンド

good pairing
おすすめは、ロゼワインと

パン
チャパタ（作り方は146ページ）

組み立て
チャパタ
牛フィレタルタル＊
ポーチド・エッグ＊
赤ワインソース＊

作り方
1 チャパタを半分にカットする。
2 チャパタの下にするほうに、タルタル、半熟に仕上げたポーチド・エッグをのせる。
3 赤ワインソースをかけ、チャパタをのせる。

＊タルタル
材料(作りやすい量)
牛フィレ肉(タルタル用)…100g
ピクルス…10g
ケッパー…少々
アンチョビ…少々
リーペリンソース(ウスターソース)…小さじ1
ケチャップ…大さじ1
コニャック…小さじ1
塩2つまみ
胡椒少々

作り方
1 牛フィレ肉、ピクルス、ケッパー、アンチョビ、リーペリンソース、ケチップ、コニャック、塩、胡椒を包丁で叩き、混ぜ合わせる。

＊赤ワインソース
材料(作りやすい量)
エシャロット…20g
砂糖…大さじ1
赤ワインビネガー…20㎖
赤ワイン…100㎖
フォン・ド・ヴォー…200㎖
塩…少々
胡椒…少々
バター…10g

作り方
1 砂糖を熱してキャラメリゼしたら、赤ワインビネガー、赤ワイン、フォン・ド・ヴォーを加え、煮詰めていく。
2 エシャロットをみじん切りにし、炒める。
3 ①に②を加え、軽く煮込む。仕上げに塩、胡椒で調味し、濾す。バターを加えて仕上げる。

＊ポーチド・エッグ
材料(作りやすい量)
全卵…1個
塩…適量
酢…適量

作り方
1 湯を沸騰させ、酢と塩少々を加える。火を弱め、割っておいた生卵を加える。
2 卵白を卵黄にかぶせるようにまとめながら茹でていく。卵白が固まったら火を止め、卵黄が半熟になるまで余熱で火を通す。鍋から取り出し、水気を切る。

ドッグパン、フォカッチャetc.を使った料理

バーニャカウダ

バーニャカウダは、多くのバルで人気メニューになっています。季節の野菜を味わえるのも魅力です。パンもよく合います。パンはバゲットだけでなく人参のフォカッチャも合わせました。パンの種類を増やすとパンの存在感も高まり、パン料理の魅力が増します。

バーニャカウダ

パン
バゲット

組み立て
バーニャカウダソース＊
人参のフォカッチャ
バゲット
野菜(サツマイモ、ジャガイモ、サトイモ、人参、トレビス、小松菜、セルバチコ)

作り方
1 バーニャカウダソースを温め、茹でたイモ類と根菜、葉野菜、パンを食べやすい大きさに切って一緒に提供する。

＊バーニャカウダソース
材料(作りやすい量)
牛乳…150g
ニンニク…50g
アンチョビ(みじん切り)…50g
オリーブオイル…100㎖

作り方
1 牛乳を鍋で沸かし、ニンニクを入れてやわらかくなるまで煮る。
2 火を止めてニンニクを取り出し、アンチョビを加えて混ぜる。
3 混ぜながらオリーブオイルを少しずつ加えてつないでいく。

ドッグパン、フォカッチャetc.を使った料理

プレーンベーグルとビーフ100％パテの組み合わせ。シンプルですが、香りと食感にこだわりました。まず、パテにローズマリーオイルをかけ、トッピングにもローズマリーを刺して、ローズマリーの香りを全体にきかせているのが特徴です。軽いフォン・ド・ヴォーのソースにもローズマリーを合わせました。牛肉は肩肉7割に対しモモ肉3割で混ぜ、中粗挽き程度に仕上げて、もちっとしたベーグルに合うようにしました。かぶりついたとき、トマトがパテのソースの役割もする位置にはさんでいます。

ベーグルバーガー ローズマリー風味

ベーグルバーガー ローズマリー風味

good pairing
おすすめは、軽めの白ワインと

パン
プレーンベーグル

組み立て
プレーンベーグル
ビーフパテ＊
トマト
サニーレタス
トレビス
フォン・ド・ヴォーソース＊
ローズマリー
ローズマリーオイル＊

作り方
1 ビーフ100％のパテを、フライパンで焼く。
2 サニーレタス、レタス、トレビスを、バンズの形に合わせてカットする。トマトは横にスライスする。
3 サニーレタス、パテ、トマト、レタス、トレビスのすべてに真ん中に穴を開ける。
4 ベーグルで③の具材をはさみ、フォン・ド・ヴォーソースをかける。真ん中の穴部分にローズマリーを刺す。ローズマリーオイルをかける。

＊ビーフパテ
材料
牛肩肉…70g
牛モモ肉…30g
塩…1.5g（牛肉の重量の1.5％）
胡椒…少々

作り方
1 牛肩肉7割に対し牛モモ肉3割で合わせて中粗挽き程度に仕上げる。
2 塩、胡椒を混ぜ、パテの形に成形する。
3 ライパンで両面を焼く。

＊フォン・ド・ヴォーソース
材料
フォン・ド・ヴォー…100㎖
コンソメ…50㎖
ローズマリー…10cm×1本

作り方
1 フォン・ド・ヴォー、コンソメを沸かし、ローズマリーを加える。
2 火を止め、フタをして置くことで香りを移す。加熱するとエグミが出るので注意。

＊ローズマリーオイル
材料（作りやすい量）
ローズマリー…12～13cm×4本
オリーブオイル…500㎖

作り方
1 オリーブオイルとローズマリーを瓶に入れ、フタを閉める。温かいところに3時間ほど置いておく。

ドッグパン、フォカッチャetc.を使った料理

五穀パンのクロックムシュー

クロックムシューは定番のサンドイッチなので、ひと工夫もふた工夫もしてみました。パンを五穀米入りの食パンにして、パンそのもののパンチを出しました。また、クロックムシューでは一般的にロースハムを使うことが多いのですが、パストラミハムで。ベシャメルソースにはホウレン草のピューレを加えて見た目の色合いも変え、風味にアクセントを付けました。見た目にもっと変化を出すために、食パンは細長く切り、さらにフライパンにパルメザンチーズをふり、温めて溶かし、そこにパン1枚をのせて焼き、チーズの「羽付きパン」にして上に重ねました。

五穀パンのクロックムシュー

good pairing
おすすめは、シャンパンと

パン
五穀米入りの食パン（作り方は143ページ）

五穀パンのクロックムシュー

材料
五穀入り食パン…適量
パルメザンチーズ…30g
バター…20g
パストラミハム…30g
ホウレン草ピューレ入りベシャメルソース＊
　…50g

作り方
1　パンは、細長く薄めに2枚分カットする。
2　フライパンにパルメザンチーズをふり、温めて溶かす。そこにパン1枚をのせ、焼く。
3　焼いていない方のパンに、バターを塗り、パストラミハム、ホウレン草ピューレ入りのベシャメルソースをのせる。フライパンで焼き、その上に②のパンをのせる。

＊ホウレン草のピューレ入りベシャメルソース

材料
牛乳…400㎖
バター…60g
小麦粉…60g
ホウレン草のピューレ…1/3束分

作り方
1　バターを加熱し、小麦粉を少量ずつ加えて炒める。
2　牛乳を少量ずつ加えてのばす。
3　ホウレン草のピューレを加えて混ぜる。

ドッグパン、フォカッチャetc.を使った料理

「いろいろな野菜を一度に食べられたら、楽しいだろうなあ」と思いながら考えたのが、これです。盛り付けのヒントは、ずばり、生け花です。ナンの生地を薄く焼いたピタパンのポケットを花瓶に見立てて、「生け花」を作っていきました。トマトはくし形、キュウリ、ホワイトセロリはスティック状に、赤玉ネギはスライスし、鶏肉の自家製ハムも、スティック状に切って刺しました。ピタパンの底部には、ソースであり、生け花の剣山の役割もするジャガイモのピューレを入れてあります。食べられるエディブルフラワーを仕上げに散らしました。

IKEBANA ピタサンド

IKEBANA ピタサンド

good pairing
おすすめは、ロゼシャンパンと

パン
ピタパン(作り方は144ページ)

組み立て
ピタパン
トマト
キュウリ
ホワイトセロリ
スナップエンドウ
赤玉ネギ
万能ネギ
スプラウト
ローズマリー
バジル
イタリアンパセリ
鶏肉の自家製ハム＊
ジャガイモのピューレ
エディブルフラワー

作り方
1 トマトはくし形に切る。キュウリ、ホワイトセロリはスティック状に切る。スナップエンドウは茹でる。赤玉ネギはスライスする。

2 万能ネギは長めにカットする。

3 鶏肉の自家製ハムも、スティック状に切る。

4 ジャガイモのピューレは、マヨネーズと混ぜ合わせたもの。マヨネーズ6に対し、茹でて裏ごししたジャガイモのピューレ4の割合で混ぜ合わせたもの。

5 ジャガイモのピューレを、開いたピタパンの底部分に入れる。その上に刺すようにして、生野菜類やハムを刺し込む。エディブルフラワーを散らす。

＊鶏肉の自家製ハム
材料(作りやすい量)
鶏ムネ肉…1枚
塩…適宜(鶏肉の重量の1％)
タイム…少々

作り方
1 鶏ムネ肉に、塩、タイムを軽くふり、1日マリネしておく。

2 ①の表面をふき、65℃で約20分、スチームコンベクションにオーブンで火入れする。

ドッグパン、フォカッチャetc.を使った料理

ブイヤベースサンド ルイユがけ

南仏を代表する料理、ブイヤベースをそのままサンドイッチにするイメージで作りました。パンは生地にサフランを練りこみ、貝の形にして焼成したフォカッチャ。フィリングの海老、ホタテ、タラ、パーナ貝は、アーモンドスライスを衣にして揚げました。そして、ソースは、ブイヤベースに使う定番のルイユをアレンジしました。ルイユはニンニク風味のマヨネーズ風のソース。これをブイヤベースのスープでのばし、パンに合うようにしました。ご馳走感あふれるサンドイッチになりました。

ブイヤベースサンド ルイユがけ

おすすめは、ロゼワインと

パン
サフランを加えて色づけし、貝殻の形に成形して焼き上げたフォカッチャ（作り方は145ページ）

組み立て
サフラン入りフォカッチャ
海老フライ＊
ホタテフライ＊
タラのフライ＊
パーナ貝のフライ＊
サニーレタス
ルイユ7に対し、ブイヤベース3を合わせたソース

作り方
1 パンの上に魚介のフライをのせ、ルイユとブイヤベースを合わせたソースをかける。
2 レタスをのせ、パンではさむ。

＊魚介のフライ
材料
有頭エビ
ホタテ貝柱
タラ切り身
パーナ貝
スライスアーモンド
小麦粉
卵液
揚げ油

作り方
1 エビ、ホタテ貝、タラ、パーナ貝に小麦粉をまぶし、卵液をつけ、スライスアーモンドをまぶし、180℃の油でそれぞれ揚げる。

＊サンドイッチ用ルイユ
材料
卵黄…1個分
おろしニンニク…1/2片
オリーブオイル…50mℓ
レモン汁…少々
塩…少々
胡椒…少々

作り方
1 ニンニクと卵黄をボウルに入れてかき混ぜ、さらにかき混ぜながらオリーブオイルを少量ずつ加えて乳化させる。
2 レモン汁、塩、胡椒で調味する。

＊サンドイッチ用ブイヤベースのスープ
材料（作りやすい量）
魚介類のアラ…300g
野菜類
　玉ネギ…100g
　人参…100g
　セロリ…60g
　マッシュルーム…40g
　ニンニク…1片
フュメ・ド・ポワソン…1ℓ
トマト（熟したもの）…2個
サフラン…少々
ブーケガルニ…1束
白ワイン…100mℓ
ペルノー…100mℓ
塩…適量
胡椒…適量
サラダ油…適量

作り方
1 魚介類のアラを、野菜類とともに油で炒める。
2 白ワイン、ペルノー、フュメ・ド・ポワソン、トマト、サフラン、ブーケガルニを合わせ、1時間ほど煮込む。
3 塩、胡椒で調味し、漉す。

ドッグパン、フォカッチャetc.を使った料理

ロースト鴨のパン・ド・エピスサンド

サンドイッチとしては、82ページのサンドイッチ同様、パンとフィリングはアンバランスですが、フィリングのボリュームのインパクトがあるほうが、ワインとより楽しんでもらうパン料理になります。鴨のローストに合わせて、パンは、シナモンやスパイスを生地に加えたパン・ド・エピスにしました。ソースはスペインの国境に面した南フランスのバニュルス(Banyuls)の赤ワインのソース。天然甘口ワインを煮詰めて甘さと風味を強めました。ソースは別添えにし、ロースト鴨につけたり、クリームチーズをぬったパンにつけたり、別々でも味わえるようにしました。

ロースト鴨のパン・ド・エピスサンド

パン
パン・ド・エピス(シナモンやスパイスを生地に加えて焼成したパン)

組み立て
パン・ド・エピス
ロースト鴨＊
クリームチーズ
デーツ(またはレーズン)
ソース・バニュルス＊

作り方
1 パンにクリームチーズをぬって、ローストした鴨をのせる。
2 デーツをロースト鴨の上に飾る。
3 パンをのせ、ソース・バニュルスを添える。

＊ロースト鴨
材料
鴨ムネ肉…1枚
塩…適量
胡椒…適量
サラダ油…適量

作り方
1 鴨は塩、胡椒をして、皮目のほうに格子に切れ目を入れる。
2 フライパンに油を熱し、鴨肉を焼く。
3 焼いたら、少し温かいところで休ませてから切る。

＊ソース・バニュルス
材料(作りやすい量)
バニュルスの赤ワイン…100㎖

作り方
1 ワインを鍋に入れて火にかけ、20㎖くらいになるまで煮詰める。

ドッグパン、フォカッチャetc.を使った料理

南仏をイメージして作った、フォカッチャのサンドです。はさんだのは、タラの塩漬けとジャガイモとニンニクとオリーブオイルで作るブランダード、黒オリーブとアンチョビで作るタプナード。ともに塩気がつよいので、フォカッチャは厚みのあるものを合わせながら、3層に切ることで食べやすくしました。一番下の面に、タプナードを塗り、バジルを。次の面に、ブランダードをぬり、オリーブ、スライスしたミニトマトを。上に、半分にカットしたオリーブ、ミニトマトをのせ、オリーブオイルをかけて焼いたローズマリーを飾り、香り立つ仕上がりです。タプナードには、隠し味にツナを加えることで、マイルドに仕上げるのもコツです。

ブランダードとタプナードの
フォカッチャサンド

ドッグパン、フォカッチャetc.を使った料理

ブランダードとタプナードのフォカッチャサンド

パン
フォカッチャ（作り方は145ページのフォカッチャにサフランを加えないで型に入れないで焼く。）

組み立て
フォカッチャ
タプナード＊
バジル
ブランダード＊
オリーブ
ミニトマト
ローズマリー

作り方
1 フォカッチャを3層切る。一番下の面に、タプナードを塗り、バジルをのせる。次の面に、ブランダードをぬり、オリーブ、スライスしたミニトマトをのせる。パンズを順に重ね、一番上のパンズをのせる。

2 一番上の面に、半分にカットしたオリーブ、ミニトマトをのせる。オリーブオイルをかけて焼いたローズマリーを刺す。上から、オリーブオイル、塩をかける。

＊タプナード
材料（作りやすい量）
黒オリーブ…200g
アンチョビ…2枚
オリーブオイル…適宜（全体がつながる程度）
ツナ…大さじ1〜2

作り方
1 材料をすべてフードプロセッサーにかける。

＊ブランダード
材料（作りやすい量）
タラの塩漬け…400g（タラの塩漬けとジャガイモの比率は4対6）
ジャガイモ…600g
ニンニク…1片
生クリーム…200㎖
ピュアオリーブオイル…200㎖

作り方
1 ジャガイモは、皮をむき、茹でる。ニンニクは、皮をむき、生クリームで軽く煮込む。

2 ①とタラの塩漬け、ピュアオリーブオイルをフードプロセッサーにかける。

COLONNE 4

パン料理の盛り付けのポイントは？

食べやすさも考慮して重ねていく

食べやすさを考えたとき、大事なのは、"すべらない"ことです。例えば、パンの上に置いた葉ものの上にソースをかけ、具材をのせるととてもすべりやすくなります。味だけではなく、食べた時に崩れにくいように、乗せる順番を考える必要があります。ただし、サンドイッチ、ハンバーガースタイルのパン料理は、フレンチの料理とは異なり、手で持って食べることで気軽な雰囲気も出せます。手でつまむ、つかむことを想定したり、こぼれにくいようにパンを袋状にして具材を入れて食べるといった出し方も考えられます。

食べた時の感じ方を計算した重ね方

サンドイッチを例にすると、パンではさんだ具材は、下の方に置いた要素は、食べたとき最初には舌に伝わりません。ひと口目で感じてほしい要素は、上の方に置くべきです。また、下の方に置いたものは、後から口の中に広がり、食べていくうちに感じられるようになります。それを利用してわざと下に違う要素を置き、途中から味を変えていくといったことも可能です。

サンドイッチ・バーガースタイルのバルメニュー

▶パンケーキと、パイと、ラスクと…

▶サラダと、リエットと、ムースと…

▶玉子と、サーモンと、ハムと…

基本は同じく、料理がよく見えるように盛り付けること

　サンドイッチ、ハンバーガーのスタイルではとくに顕著ですが、このスタイルの料理の特徴は、生地と具材を一緒に口に入れて味わう点にあります。

　その場合、具材の食感だけでなく、生地の食感もおいしさのポイントになります。生地は、そのまま使うだけでなく、トーストしたり、揚げたりして合わせることで食感の印象、風味の印象が変わります。時間が経って硬くなった生地をあえて使ってスープ料理にする発想もあります。また、生地のふわふわの生地のところだけ使ったり、生地を切る厚みによっても食べたときの印象が変えることもできます。

　いずれにせよ、生地と具材を一緒に食べたときに、生地の存在感が感じられる、生地の味わいを楽しめるような組み合わせ方にするのがいいでしょう。

　同じ料理でも、生地をいろいろ変えてアレンジすることが可能ですが、そのときも、生地の切り方、トーストするかどうかなどを生地の種類によって変えて工夫してみましょう。

はさむ生地の形、色でも楽しさを

　今回、紹介しているパイ、パンケーキ、シュー生地、ラスクの他、いろいろな生地でサンドイッチ、ハンバーガーのスタイルは作れます。

- クッキー、ビスケット
- クレープ、ガレット
- スポンジ生地
- タルト生地
- ドーナツ
- マカロン
- ワッフル

　焼き菓子の生地はいろいろ活用できます。焼き菓子の生地はシロップで生地の色を変えることができますし、形もいろいろ変化させられます。パンとは違う形や色にすると楽しさが広がるでしょう。

　他にも、ピザ生地でもアレンジできますし、厚切りポテトチップ、薄焼きせんべい、硬質チーズなどで料理や具材をはさむスタイルも考えられます。

ブリニーサンド

そば粉のブリニーでタラモサラダをサンドしました。ふわふわとしたやわらかい味わいとやさしいタラモサラダがよく合います。フレンチではキャビアをのせるのですが、ここでは食感の似たトンブリを。サニーレタス、タラモサラダ、貝割菜、トンブリでクセのない仕上がりです。タラモサラダはほぐしたタラコに、ペルノー(アブサン)をアクセントに加えました。タラコ特有の匂いが抑えられ、食べたときの香りの広がりが良くなります。

ブリニーサンド

good pairing
おすすめは、ロゼシャンパンと

パン
そば粉のブリニー(作り方は147ページ)

組み立て
ブリニー
タラモサラダ＊
サニーレタス
貝割菜
トンブリ

作り方

1 ブリニーを横半分にカットする。

2 サニーレタス、タラモサラダ、貝割菜をはさみ、トンブリを散らす。

＊タラモサラダ
材料
ジャガイモ…300g
米酢…30㎖
レモン汁…少々
オリーブオイル…20g
タラコ…80g
生クリーム…80㎖
ペルノー…少々

作り方

1 タラコをほぐす。

2 ジャガイモは茹でて皮をむいて、マッシャーでつぶして、温かいうちに米酢、レモン汁、オリーブオイルを加えて混ぜ合わせる。

3 生クリームを泡立て、ほぐしたタラコを加えて混ぜ合わせる。隠し味にペルノー少々を加える。

4 ②と③を混ぜ合わせる。

サンドイッチ・バーガースタイルのバルメニュー

ハート型でかわいらしいサンドをパイで作りました。サクサクのパイにサーモンと豚肉のリエットがよく合います。白ワインにも赤ワインにもぴったりの仕上がりです。アクセントにコルニッション（ピクルス）も入れていて、食感に広がりがあるのでオードブルとして楽しめるでしょう。サーモンリエットもポークリエットもフランス料理の定番です。よりサクサク感を出すために、パイ生地を丸めて薄く切り、重石をしながら焼き上げるのがコツです。

クール・ドゥ・フランス

クール・ドゥ・フランス

good pairing
おすすめは、ロゼシャンパンと

挟むもの
パイ（市販のパイ生地を使用）ハート型にカットして焼く。

組み立て
パイ
サーモンリエット＊
ポークリエット＊
ピクルス

＊サーモンリエット
材料（作りやすい量）
スモークサーモン…300g
オリーブオイル…100g
胡椒…少々
レモン汁少々

作り方
1 スモークサーモンにオリーブオイルを合わせ、フードプロセッサーにかける。胡椒、レモン汁を加えて混ぜ合わせる。

＊ポークリエット
材料（作りやすい量）
豚バラ肉…400g
白ワイン…100g
水…300g
ラード…150g
塩（豚肉のマリネ用）…6g（豚バラ肉の1.5％）
胡椒…少々
ブランデー…少々

作り方
1 豚肉を塩でマリネし、一日置いておく。
2 マリネした豚肉を角切りにし、炒める。焼き色がついたら、白ワイン、水を加えて、やわらかくなるまで弱火で1時間煮込む。
3 豚肉がほぐれてきたら、鍋から取り出し、粗めにほぐす。ラードを加え、混ぜ合わせる。
4 塩（分量外）、胡椒、ブランデーで味を調え、型に詰めて冷ます。

サーモンクリームのケークサレサンド

塩味の焼き菓子、ケークサレでスモークサーモンとクリームチーズをサンドしました。ケークサレは、パルメザンチーズを加えて、風味を高めていますので、ワインとよく合います。クリームチーズとスモークサーモンの相性の良さは言うまでもありません。クリームチーズは生クリームでのばして、サーモンにもケークサレにもよくからむようにするのがポイントです。アミューズとして見た目を華やかにするのも大切なので、スモークサーモンはケークサレの上にはみ出して盛り付けました。皿盛りでは、こうした大胆な盛り付けがサンドイッチでもできます。また、ピンクペッパー、シブレット、ケッパー、コルニッションを飾り、華やかさを足しました。

サーモンクリームのケークサレサンド

挟むもの
ケークサレ(作り方は148ページ)

組み立て
ケークサレ
スモークサーモン
クリームチーズ
生クリーム
ピンクペッパー
シブレット
ケッパー
コルニッション

作り方
1 クリームチーズを、生クリームでのばす。
2 ケークサレの上に、スモークサーモンをのせる。①をかけ、ピンクペッパー、シブレット、ケッパー、コルニッションを散らす。

サンドイッチ・バーガースタイルのバルメニュー

グジェールのスワン

スワンをかたどったグジェール（シュー生地）がかわいらしい玉子サンドです。湖畔にたたずむ白鳥を、シュー生地とチャービルで表現しました。『レ・サンス』で実際にアミューズとして出したことがあるものを少しアレンジしています。サンドするのは、ウフ・ブレイユ。ウフ・ブレイユに今回はあえてマヨネーズを加えることで、より玉子サンドがイメージできる軽い味わいにしています。グジェールにはパルメザンチーズを加えていて、口溶けのいいシュー生地そのものもワインに合うようにしました。

グジェールのスワン

挟むもの
グジェール（チーズ入りのシュー皮）
（作り方は149ページ）

組み立て
グジェール
ウフ・ブルイユ（玉子サラダ）＊
チャービル

作り方
1 焼き上げたグジェールを縦半分にカットし、上部分のみさらに縦に半分にカットする。
2 断面にウフ・ブルイユを塗り、元の形に重ねる。グジェールで作った頭部分をはさみ込む。

＊ウフ・ブルイユ
材料
卵
マヨネーズ（卵10に対し3の割合）
生クリーム（卵10に対し2の割合）
塩…適量
胡椒…適量

作り方
1 ウフ・ブルイユを作る。卵にマヨネーズ、塩、胡椒を加えて混ぜ合わせ、ゆっくりと火入れする。仕上げに生クリームを加える。

パンとハムと野菜は、よくあるサンドイッチの組み合わせですので、ハムは鴨のスモークハム、野菜は人参のムースとホワイトアスパラのムースにしました。パンはラスクにして合わせました。3枚のラスクは、塩味、ヨモギ風味、黒糖味の3つの味の組み合わせ。人参のムースは、人参の甘いところのみを使用。ホワイトアスパラガスのムースは、ホワイトアスパラガスを炒めてフォン・ブランで煮て作ります。ほんのり甘いもの、塩味のもの、なめらかなムース、パリッとしたラスク。1つ1つを味わうのとは全く違う味わいが全体で生まれます。噛みしめるほど、いろいろな食感と、いろいろな味わいと、その広がりも楽しめるでしょう。

鴨ハムと野菜のムースのラスクサンド

鴨ハムと野菜のムースのラスクサンド

挟むもの

塩ラスク（作り方は150ページ）
ヨモギのラスク（作り方は150ページ）
黒糖のラスク（作り方は150ページ）

組み立て

塩ラスク
ヨモギのラスク
黒糖のラスク
人参のムース＊
ホワイトアスパラガスのムース＊
鴨のスモークハム

作り方

1 ヨモギのラスクに、人参のムース、スライスした鴨のスモークハムをのせる。
2 黒糖ラスクに、ホワイトアスパラガスのムース、スライスした鴨のスモークハムをのせる。①の上にのせる。一番上に、塩ラスクをのせる。

＊人参のムース

材料（作りやすい量）

人参…1/2本
バター…20g
牛乳…100mℓ
ホイップクリーム…適量（人参の重量の1/3）
塩…小さじ1
胡椒…少々
クミン…適量

作り方

1 人参の甘いところのみを使用。皮をむいてスライスし、バターで炒める。
2 クミン、牛乳をひたひたに加えて、やわらかくなるまで煮込む。ペースト状につぶす。
3 冷やしてから、ホイップクリーム、塩、胡椒を加えて混ぜ合わせる。

＊ホワイトアスパラガスのムース

材料

ホワイトアスパラガス…適量
フォン・ブラン（またはチキンブイヨン）…適量
※ホワイトアスパラガスとフォン・ブランの量は、②の工程が終わった段階で330gになるように調整する。
生クリーム…100g（＊アスパラガス3に対し生クリーム1の割合）
板ゼラチン…3g
塩…少々
胡椒…少々

作り方

1 ホワイトアスパラガスを、皮をむいて薄くカットし、炒める。
2 ①を鍋に入れ、フォン・ブランをひたひたに加えて煮る。シノワで漉す。
3 ②を冷ましてから、泡立てた生クリーム、水でふやかしておいた板ゼラチンを加えて混ぜ合わせ、塩、胡椒で調味する。型に入れて冷やし固める。

パン、生地のレシピ

はじめに

- イーストは粉ドライイーストを使用。ぬるま湯に砂糖とともに加え、15分程置いて予備発酵させておく。

- 店ではテフロン加工の天板を使用。テフロンでない場合は、オーブンシートなどをしくこと。

- 生地を休ませる時間などは、気温によって変わってくるので、あくまで目安として記載。レシピ中の気温は、厨房の温かい場所で、35℃位を想定している。

カンパーニュサンド ソース・ムスリーヌ 64ページ

カンパーニュ

材料（作りやすい量）
強力粉…400g
薄力粉…400g
ライ麦粉…200g
塩…18g
砂糖…16g
イースト…12g
水…600㎖

作り方
1 前日に、材料をすべて混ぜ合わせ、15～20分かけてしっかり手で練り上げる。
2 ボウルに入れ、ぬれ布巾をかける。冷蔵庫で翌日まで休ませ、ゆっくり発酵させる。
3 翌朝、パンチングしてガスを抜く。1個の分量に分け、常温で1時間ほど休ませる。
4 発酵して1.5倍程に膨らんだら、鉄板の上にのせ、180℃のオーブンで30分程焼く。

カンパーニュ

焼きそばクロワッサン 92ページ

デニッシュ

材料（作りやすい量）
A
┌ 強力粉…100g
│ 薄力粉…25g
│ 砂糖…12g
│ 塩…2g
│ 水…70㎖
│ バター（無塩）…12g
└ イースト…4g
バター（折り込み用）…100g

作り方

1 材料Aをボウルに入れ、ある程度まとまるまで混ぜ合わせる。あまり練り込んではいけないので、少しダマがある程度でよい。

2 常温で3〜4時間休ませる。

3 パンチングしてガスを抜き、薄く四角くのばす。常温に戻しておいたバターを上に広げ、三つ折りにする。それをのばし、また折る。2回折るごとに3，4時間ずつ冷蔵庫で休ませる。これを3回繰り返す。

4 25〜30gに分割し、丸くて細長い筒に詰める。室内で低めの温度の場所で休ませる。

5 1.5倍程に膨らんだら、鉄板の上に筒に詰めたままのせ、180℃のオーブンで16〜17分焼く。筒を抜き、パンの中をペティーナイフでくり抜く。

デニッシュ

五穀パンのクロックムシュー 116ページ

五穀米入り食パン

材料（作りやすい量）
A
- 強力粉…700g
- ショートニング…36g
- 砂糖…28g
- 塩…14g
- スキムミルク…14g
- イースト…12g
- ぬるま湯…460㎖

五穀米（市販のパン用のもの）
　…100g
バター（無塩）…適量

作り方
1. 材料Aを混ぜ合わせ、20分程かけてしっかりこねる。最後に五穀米を加え、混ぜ合わせる。
2. 生地を丸め、ボウルに入れてぬれ布巾をかける。室内の温かいところで1.5倍にふくらむまで休ませる。
3. パンチングしてガスを抜き、バターを塗って粉を打った型に生地を入れる。フタをして20分ほど常温で休ませる。
4. 1.5倍ほどに膨らんだら、180℃のオーブンで20分程焼き、型から出す。

五穀入り食パン

パン、生地のレシピ

IKEBANAピタサンド 118ページ

ピタパン

材料（作りやすい量）
強力粉…900g
牛乳…500㎖
バター…90㎖
塩…10g
砂糖…10g
全卵…3個
イースト…18g

作り方
1 材料をすべて混ぜ合わせる。
2 ボウルに入れ、ぬれ布巾をかける。常温で休ませ、1.5倍ほどに膨らんだら、パンチングしガスを抜く。
3 2㎜程の厚さにのばし、フライパンで焼く。膨らんできたらひっくり返し、反対面をさっと焼く。

ピタパン

ブイヤベースサンド ルイユがけ 120ページ

フォカッチャ

材料（作りやすい量）
A
┌ 強力粉…500g
│ 薄力粉…500g
│ オリーブオイル…140㎖
│ 塩…20g
│ 砂糖…20g
└ イースト…16g
水…580㎖
サフラン…適宜
オリーブオイル…適宜

作り方

1 水にサフランを入れ、色が出たらサフランを取り除く。

2 ①の水と、材料Aを混ぜ合わせ、10～15分程かけてしっかりこねる。

3 ボウルに入れ、ぬれ布巾をかける。冷蔵庫で翌日まで休ませ、ゆっくり発酵させる。

4 翌朝、パンチングしてガスを抜く。一個の分量に分け、常温で1時間ほど休ませる。

5 発酵して1.5倍程に膨らんだら、貝殻の形に成形し、鉄板の上にのせる。表面にオリーブオイルをぬり、180℃のオーブンで20分程焼く。

サフラン入りフォカッチャ

チャパタサンド 110ページ

チャパタ

材料(作りやすい量)
強力粉…350g
薄力粉…170g
塩…12g
イースト…12g
牛乳…170㎖
水…170㎖
砂糖…10g
ピュアオリーブオイル…10㎖

作り方
1 ボウルに材料をすべて入れ、混ぜ合わせる。なめらかになったら、ぬれ布巾をかけ、室内の温かいところで2時間ぐらい休ませる。
2 パンチングし、ガスを抜く。ボウルに入れてぬれ布巾をかけ、2時間ほど冷蔵庫で休ませる。
3 パンチングし、ガスを抜く。
4 ゴーフル型に薄くのばし、フタをする。中火のガスオーブンで、焼き目が付くまで両面を焼き上げる。

チャパタ

ブリニーサンド 130ページ

ブリニー

材料（作りやすい量）
そば粉…500g
ビール…450mℓ
卵黄…5個分
塩…16g
白胡椒…8g
卵白…3個分

作り方
1 卵白以外すべてを混ぜ合わせる。ダマがなくなる程度でよい。
2 卵白を泡立ててメレンゲを作り、①の生地に混ぜる。
3 フライパンに生地を流し入れ、形を整える。中火で焼き、焼き色が付いたら裏返し、さっと焼き上げる。

パン、生地のレシピ

そば粉のブリニー

サーモンクリームのケークサレサンド 134ページ

ケークサレ

材料（作りやすい量）
全卵…2個
牛乳…500㎖
ピュアオリーブオイル…60g
薄力粉…80g
ベーキングパウダー…6g
グリエールチーズ…40g
パルメザンチーズ…20g
塩…適量
胡椒…適量

作り方

1. ボウルに卵を割り入れ、よく混ぜる。牛乳とピュアオリーブオイル、薄力粉とベーキングパウダーを順に加え、混ぜていく。最後にグリエールチーズ、パルメザンチーズを加えて混ぜ、塩、胡椒で調味する。

2. ケーク型にバターをぬり、①の生地を入れる。180℃のオーブンで20分ほど焼き上げる。

ケークサレ

グジェールのスワン 136ページ

グジュール

材料（作りやすい量）
薄力粉…150g
牛乳…125㎖
水…125㎖
バター（無塩）…100g
卵…5個
砂糖…8g
塩…1g
粉チーズ…40g
卵液…少々

作り方
1 牛乳、水、バター、砂糖、塩を鍋に入れて温め、沸かす。
2 沸いたら火から外し、薄力粉を加え混ぜ合わせる。
3 卵を溶き、粗熱がとれた②に少量ずつ加えて混ぜ合わせる。
4 粉チーズを加え、混ぜる。
5 生地を絞り出し袋に入れ、テフロン加工の天板に、直径5cmで絞りだす。生地の表面に、刷毛で卵液を塗る。スワンの頭になる部分は、その形に天板に絞りだす。
6 180℃のオーブンで、12分焼く。

グジュール

鴨ハムと野菜のムースのラスクサンド 138ページ

塩ラスク　ヨモギのラスク

材料(作りやすい量)
ヨモギパン…適量
食パン…適量
澄ましバター…適量
塩…適量

作り方
1 ヨモギパンを薄くカットし、表面に澄ましバターを塗る。食パンは薄くカットし、塩をふる。120℃のオーブンで30分焼き上げる。

黒糖のラスク

材料(作りやすい量)
黒糖パン…適量
澄ましバター…適量

作り方
1 黒糖パンを薄くカットし、表面に澄ましバターを塗る。120℃のオーブンで30分焼き上げる。

フレンチバル レ・サンス French Bar Les Sens

フランス地方料理をアラカルトでリーズナブルに。レストラン「レ・サンス」のおいしさを気軽に楽しめるフレンチバルとして2017年3月にオープン。

住所　神奈川県横浜市青葉区美しが丘5-2-14
電話　045-530-5939
営業時間　11時30分〜14時(L.O)、17時〜23時30分(L.O)
定休日　月曜日(月曜日が祝日の場合は営業し、翌火曜日を休業)

レ・サンス Les Sens

南フランスの3つ星レストラン「ジャルダン・デ・サンス」での修業をつんだ渡辺健善シェフが、南フランスの人々の心をなごませる料理をテーマに1997年にオープン。気軽に楽しく本格的なフランス料理が味わえるフレンチとして、評判を呼び続けている。

住所　神奈川県横浜市青葉区新石川2-13-16-18
電話　045-903-0800
営業時間　11時30分〜14時(L.O)、18時〜21時(L.O)
定休日　月曜日(月曜日が祝日の場合は営業し、翌火曜日を休業)

オーナーシェフ
渡辺健善
Tateyoshi Watanabe

1963年6月生まれ
18歳で料理の道に入り、
国内で修業の後、1989年に渡仏。
帰国後、神奈川県横浜市青葉区に
フランス料理店「レ・サンス」を開く。
2004年度叙任で、フランスチーズ鑑評騎士の会の会員となる。
「レ・サンス」ではフランスチーズを各種取り揃えている。

◉シェフが修業したフランスのレストラン
アンフィクレス（パリ 2つ星）
ミッシェルトラマ（ボルドー 3つ星）
ジャックマキシマン（ニース 2つ星）
ジャルダン・デ・サンス（モンペリエ 3つ星）
ジャックシボワ（ホテルロイヤルグレー、カンヌ 2つ星）

ワイン、シャンパンに合う
パン料理
PAIN CUISINE

発行日　2018年3月30日　初版発行

著　者　渡辺健善　Takeyoshi Watanabe
発行者　早嶋　茂
制作者　永瀬正人
発行所　株式会社旭屋出版
　　　　〒107-0052 東京都港区赤坂1-7-19
　　　　キャピタル赤坂ビル8階

　　　　TEL 03-3560-9065（販売）
　　　　TEL 03-3560-9066（編集）
　　　　FAX 03-3560-9071（販売）

　　　　旭屋出版ホームページ　http://www.asahiya-jp.com

◎撮影　曽我浩一郎（旭屋出版）、南都礼子
◎デザイン　冨川幸雄（Studio Freeway）
◎編集　井上久尚

印刷・製本　株式会社シナノ
ISBN978-4-7511-1324-0　C2077

定価はカバーに表示してあります。
落丁本、乱丁本はお取り替えします。
無断で本書の内容を転載したりwebで記載することを禁じます。
©Takeyoshi Watanabe&Asahiya Shuppan,2018 Printed in Japan